DÜSSELDORF

Rezepte und Lebensart

LOOK & COOK

DROSTE

Die Stadt Düsseldorf ist sehr schön,
und wenn man in der Ferne an sie denkt
und zufällig dort geboren ist,
wird einem wunderlich zumute.
Ich bin dort geboren, und es ist mir,
als müsste ich gleich nach Hause gehn.
(aus: Heinrich Heine, Ideen. Das Buch le Grand)

Liebe Düsseldorf- und Kochfreunde,

der Droste Verlag hat sich für Sie auf eine delikate Suche begeben und verführerische Orte rund ums Leben und Genießen in der Landeshauptstadt zusammengestellt. Ganz herzlich möchten wir uns bei allen Mitwirkenden für ihre Bereitschaft bedanken, sich in ihren Geschäften, Restaurants und an den Marktständen von unserem Fotografen Michael Rennertz ablichten zu lassen. So ist es uns gelungen, Düsseldorf mit seinem Flair, seinen Eigenheiten und vor allem mit den Menschen, die die Landeshauptstadt erst lebendig und bunt machen, in diesem einzigartigen Schmöker- und Kochbuch abzubilden. Und wie auf Anhieb zu sehen ist: Es hat allen Beteiligten riesig Spaß gemacht!
Aber apropos Kochbuch: Die Rezepte – alle von „ächte Düsseldorfer" – wurden nach der Droste-Mitarbeiter-Beliebtheitsskala ausgewählt und für gut befunden. Sie sollen einen kleinen Einblick in die Vielseitigkeit der Düsseldorfer Küche geben, das ein oder andere Vergessene wieder aufleben lassen und nicht zuletzt zum Experimentieren einladen. Denn wie wir bei der Recherche festgestellt haben, ist die regionale Küche längst in aller Munde: Auf die leckersten Arten und Weisen vermischt sie sich mit fremdländischen Kulturen – japanisches Gulasch und Grünkohl auf asiatisch sind zwei wunderbare Beispiele für diese Symbiose. Zu einem herzhaften rheinischen Gericht schmeckt natürlich immer ein Alt – keine Frage. Aber auch die Weinliebhaber, man munkelt, auch im Rheinland werden es immer mehr, sollen hier nicht zu kurz kommen: Die Weintipps – von Albrecht Hummelt traubensicher zusammengestellt – passen wie Topf auf Deckel zu unseren ausgewählten Rezepten und werden sicherlich nicht nur den Weinfreunden das Essen versüßen. Bei aller Kochliebe haben wir natürlich auch darauf geachtet, dass die Original-Rezepte der vorgestellten Lokalitäten nicht verraten werden:
Die beste Gemüsesuppe schmeckt nur halb so gut, wenn sie nicht – wie eh und je – in quirliger Atmosphäre auf dem Markt gelöffelt wird. Lieb gewonnene Gewohnheiten sollte man nicht ändern – und das ist gut so!
In diesem Sinne wünschen wir viel Freude beim Schmökern und Kochen, kurz gesagt beim Look & Cook,

Ihr Droste Verlag

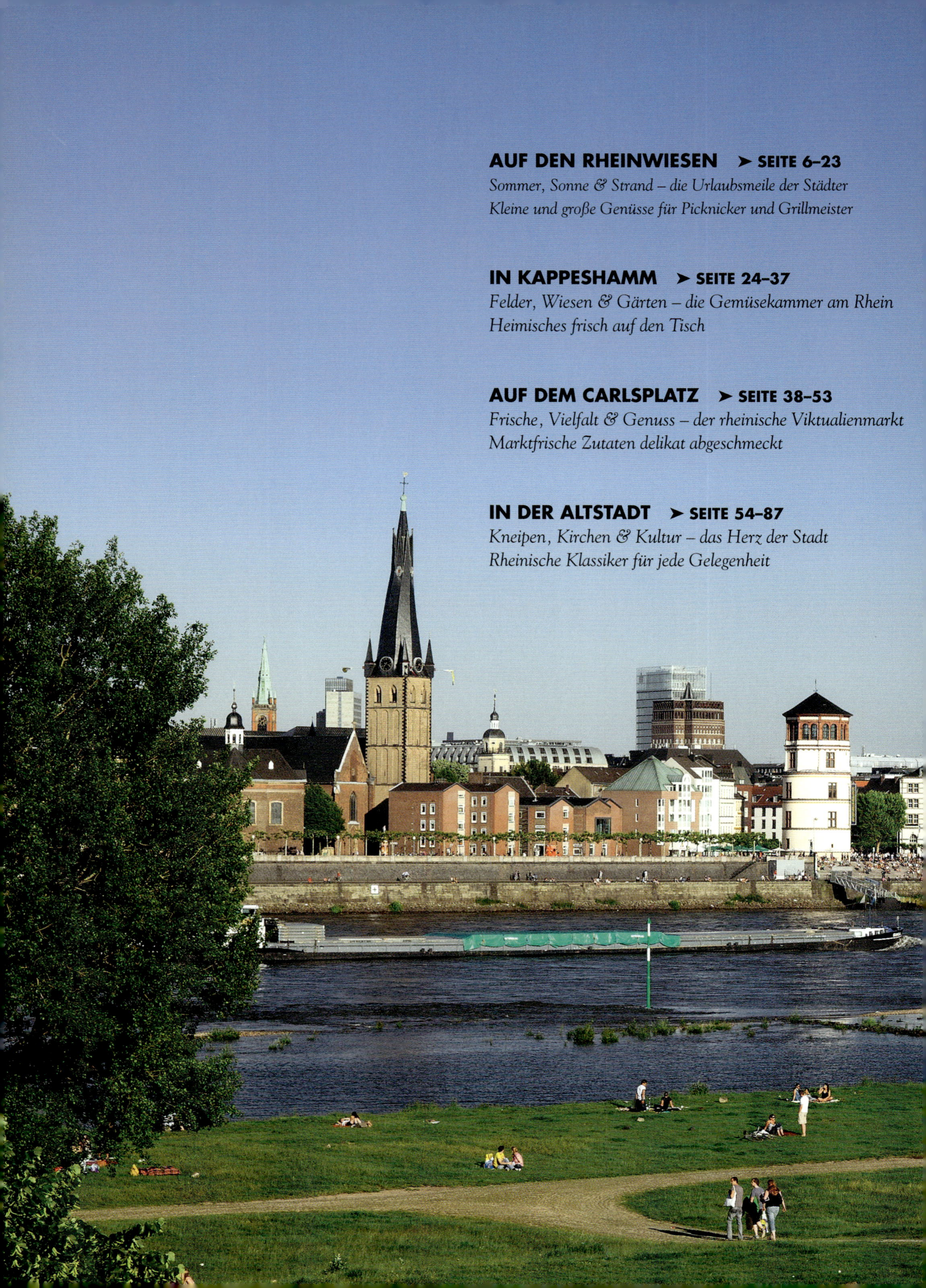

Mit Düsselwasser bin ich getauft,
der Rhein tränkt meine Wurzeln,
und ich würde vertrocknen,
wenn ich mich in ein anderes
Erdreich verpflanzte.

(aus: Hans Müller-Schlösser, Die Stadt an der Düssel)

AUF DEN RHEINWIESEN

Sommer, Sonne & Strand – die Urlaubsmeile der Städter

„Die Rheinwiesen dienen der Düsseldorfer Bevölkerung ausschließlich zur Erholung." So lautet § 2 aus der Satzung des Rats der Landeshauptstadt Düsseldorf vom 27. November 1975, die auch heute noch gilt. Und das muss dem Düsseldorfer nicht zweimal gesagt werden: Bei den ersten warmen Sonnenstrahlen im Frühling zieht es halb Düsseldorf an den Rhein. Die einen machen es sich mit einem guten Buch auf den Wiesen gemütlich, die anderen genießen die Rheinluft zu Fuß oder auf dem Fahrrad, viele treffen sich mit Freunden am Fluss und genießen ein ausgiebiges Picknick mit Gegrilltem, Salaten und einem guten Wein.

Brotaufstriche dürfen bei keinem Picknick fehlen! Die folgenden Mengenangaben reichen für jeweils ein halbes Baguette.

Quark-Aufstrich

Zutaten

250 g Quark
2–3 EL Milch
150 g Salatgurke
150 g Tomaten
1 gelbe Paprikaschote
1 Knoblauchzehe
1 Frühlingszwiebel
Salz
Pfeffer

Zubereitung

Quark mit der Milch glatt rühren. Mit Salz und Pfeffer würzen. Salatgurke schälen, entkernen und klein schneiden. Tomaten vierteln, entkernen und würfeln. Paprika putzen und klein schneiden. Knoblauchzehe schälen und klein hacken und mit den Gemüsewürfeln unter den Quark heben. Frühlingszwiebel putzen, in Ringe schneiden und über den Quark streuen. ▮

Oberkasseler Rheinstrand um 1910

Artischocken-Aufstrich

Zutaten
300 g Artischockenherzen
1 Knoblauchzehe
200 g Crème fraîche
2 EL gemischte Kräuter
2 TL Senf
Salz

Zubereitung
Die Artischockenherzen in ein Sieb geben und gut abtropfen lassen. Die Knoblauchzehe schälen und klein hacken, zusammen mit den Artischockenherzen pürieren. Crème fraîche, klein gehackte Kräuter und Senf unterrühren und mit Salz abschmecken. ▮

Dillbutter

Zutaten
4 EL Butter
1 EL Dill
1–2 TL Zitronensaft
Salz
Pfeffer

Zubereitung
Die Butter mit dem fein gehackten Dill verrühren, mit etwas Zitronensaft abschmecken und mit Salz und Pfeffer würzen. ▮

Brot für jeden Geschmack
Die ➤ **Hercules Vollkorn- und Mühlenbäckerei** gibt es bereits seit 1978. Mittlerweile wurde sie zu einer gefragten Adresse für gesunde Ernährung in Düsseldorf und Umgebung. Zehn Mitarbeiter sorgen täglich für die frische Herstellung von über 40 Brot- und 24 Brötchensorten sowie Kuchen und Gebäck. Alles aus natürlichen Rohstoffen mit dem EG Öko-Prüfsiegel. Auch eine alte Roggensorte – der mineralhaltige Schilfroggen – wurde hier wiederbelebt.

Sauerkrautsalat

Zutaten
600 g Sauerkraut
2 TL Honig
Salz
¼ TL Piment, gemahlen
50 ml Sonnenblumenöl

Zubereitung
Sauerkraut in ein Sieb geben und abtropfen lassen; dabei den Saft auffangen. Sauerkrautsaft, Honig, Salz und Piment verrühren. Das Öl in feinem Strahl unterschlagen. Saft zum Sauerkraut geben, gut verrühren und mindestens 30 Minuten durchziehen lassen. ▮

➤ **Mit 50 g in einer Pfanne goldbraun gerösteten Pinienkernen und den Kernen eines ½ Granatapfels lässt sich der Sauerkrautsalat wunderbar verfeinern**

Weißwein
halbtrocken, Riesling-Hochgewächs, Qualität QbA
Region Mosel-Saar-Ruwer
Weingut Selbach

Ähdäppelschlot

Zutaten
1 kg Kartoffeln, fest kochend
1 Gewürzgurke
1 Bund Petersilie
2 Zwiebeln
2 TL Senf
2 EL Öl
2 EL Essig
Salz
Pfeffer
Zucker

Zubereitung
Am Vortag die Kartoffeln waschen und in Salzwasser gar kochen. Danach die Kartoffeln abschütten und pellen. Am Zubereitungstag die Gewürzgurke in feine Würfel schneiden, Petersilie waschen, trocken schütteln und fein hacken. Die Zwiebeln schälen und ebenfalls klein schneiden. Die Pellkartoffeln in Scheiben schneiden und in eine Schüssel geben. Nun die Zwiebeln, die Gewürzgurke und die Petersilie hinzugeben und mit Senf, Öl, Essig, Salz, Pfeffer und Zucker abschmecken. ▮

Öffentliche Grillplätze in Düsseldorf
Vier öffentliche Grillplätze stehen für die Düsseldorfer bereit. Sie befinden sich in den drei Freizeitparks und im Südpark. Vor allem für größere Gruppen empfiehlt es sich, die Plätze frühzeitig zu reservieren. Der Grill wird zur Verfügung gestellt, Holzkohle, Grillzubehör und -zutaten müssen selbst mitgebracht werden.

➤ **Freizeitpark Ulenbergerstraße**
Reservierung unter Tel. (02 11) 15 25 20
Grillzeiten: Anfang April bis Ende Oktober

➤ **Freizeitpark Heerdt**
Reservierung unter Tel. (02 11) 5 04 79 70
Grillzeiten: Anfang April bis Ende Oktober

➤ **Freizeitpark Niederheid**
Reservierung unter Tel. (02 11) 7 90 03 94
Grillzeiten: Anfang April bis Ende Oktober

➤ **Südpark**
Reservierung unter Tel. (02 11) 88 25 84-4000
Grillzeiten: ganzjährig möglich

Vitamine sind gesund
Wer frisches und schmackhaftes Gemüse und Obst haben möchte, ist gut beraten, bei ➤ **Turan** in Pempelfort einzukaufen. Die Auswahl ist immens und die Preise zivil. Außerdem gibt es bezahlbares Frischfleisch in 1-a-Qualität, eine große Brotauswahl und die einen oder anderen feinen Köstlichkeiten wie Schafskäse oder Oliven.

Gegrillte Rippchen

Zutaten

2 kg Schälrippchen
3 EL Sonnenblumenöl
1 Tasse Tomatenketchup
½ Tasse Honig
½ Tasse Essig
1 EL Paprikapulver
1 EL Currypulver
40 cl Weinbrand
1 EL Majoran
1 Bund Schnittlauch
1 EL Thymian
1 EL Rosmarin
1 Bund Petersilie
4 Knoblauchzehen
Salz
Pfeffer

Zubereitung

Die küchenfertigen Rippchen unter fließendem Wasser abwaschen, trocken tupfen, mit Salz und Pfeffer kräftig würzen und mit Sonnenblumenöl einstreichen. Dann die Rippchen auf den Grill legen und 10 bis 15 Minuten garen. In der Zwischenzeit den Tomatenketchup mit dem Honig, dem Essig, dem Paprikapulver, dem Currypulver, dem Weinbrand und den fein gehackten Kräutern in eine Schüssel geben und glattrühren. Die Knoblauchzehen schälen, fein hacken, mit Salz zu einer Paste zerreiben und unter die Glasur rühren. 5 Minuten vor Garende die Rippchen mit einem Teil der Kräuterglasur bestreichen und fertig grillen. Die Rippchen auf Tellern anrichten, mit der restlichen Glasur bestreichen und servieren. ▮

➤ **Dazu schmeckt Kappessalat (S. 27)**

Rotwein
trocken, Montepulciano, Qualität DOCG
Region Tatone-Abruzzo, Italien
Weingut Cantine Spinelli

Hüftsteak vom Grill mit Quarkkartoffel auf Salat

Rotwein
trocken, Ursprung Cuvée
Region Pfalz
Weingut Markus Schneider

➤ Dieser Wein passt zu beiden Gerichten

Zutaten
Für das Fleisch und die Quarkkartoffeln:
4 Kartoffeln à 200 g, fest kochend
250 g Buttermilchquark
250 g Crème fraîche
1 Bund Schnittlauch
4 Hüftsteaks à 180 g
2 TL Öl
Salz
grober Pfeffer

Für den Salat:
1 Kopfsalat
1 Bund Radieschen
1 rote Zwiebel
100 g Kirschtomaten
2 EL Weißweinessig
1 Prise Zucker
3 EL Öl
Salz
Pfeffer

Zubereitung
Kartoffeln waschen und in Salzwasser ca. 30 Minuten kochen. Quark mit Crème fraîche verrühren. Mit Salz würzen. Schnittlauch abbrausen, trocken schütteln und in Röllchen schneiden. Unter die Quarkmasse mischen. Hüftsteaks waschen, trocken tupfen und mit Öl einreiben. Auf dem heißen Holzkohlegrill von beiden Seiten ca. 3 bis 4 Minuten grillen. Zum Schluss mit Salz und grobem Pfeffer würzen. Den Kopfsalat putzen, abspülen, klein zupfen und trocken schleudern. Radieschen abspülen, putzen und in Scheiben schneiden. Zwiebel pellen und in feine Spalten schneiden. Tomaten abspülen und halbieren. Essig mit Salz, Pfeffer, Zucker und Öl in einer großen Schüssel verschlagen. Die Salatzutaten zugeben und alles mischen. Kartoffeln abgießen und ausdampfen lassen. Kartoffeln halbieren und den Quark hineingeben. Zusammen mit den Steaks und dem Salat anrichten. ▮

Gegrillte Lammkoteletts

Zutaten
1 Zitrone, gepresst
4 EL Öl
2 Knoblauchzehen
½ TL Thymian, getrocknet
8 Lammkoteletts
1 TL Senf
1 EL Kräuteressig
1 Prise Zucker
½ Zwiebel
3 Sardellenfilets aus der Dose
Salz
weißer Pfeffer

Frisches Lammfleisch und Geflügel
Wer Lammfleisch benötigt, sollte das Geschäft von ➤ **Andreas Wielens** in Pempelfort aufsuchen oder direkt zum Carlsplatz gehen, wo Wielens mit einem Stand, der auch Geflügel und Eier führt, vertreten ist.

Zubereitung
Zitronensaft, Öl, geschälte, mit Salz zerdrückte Knoblauchzehen, Pfeffer und Thymian in einer Schüssel mischen. Koteletts trocken tupfen und in die Beize legen. Über Nacht zugedeckt stehen lassen. Am nächsten Tag herausnehmen und trocken tupfen. 1 EL Beize, Senf und Essig mischen. Mit Salz, Pfeffer und Zucker würzen. Zwiebel schälen, sehr fein würfeln und mit den abgetropften, gehackten Sardellenfilets zugeben.
Koteletts zunächst ungewürzt auf den heißen Grillrost legen. Nach 8 Minuten wenden. Obere Seite mit der Senfmischung bestreichen. Weitere 8 Minuten grillen. ▮

➤ **Dazu schmecken Quarkkartoffeln (links)**

Blick von der Rheinkniebrücke

Weißwein
trocken, Sauvignon blanc (Kaitui), Qualität QbA
Region Pfalz
Weingut Markus Schneider

Planken-Lachs vom Grill

Zutaten

2 EL Limettensaft
2 EL weißer Balsamico-Essig
2 EL Senf
2 EL Honig
2 EL Schnittlauch, gehackt
1 Knoblauchzehe
60 ml Sonnenblumenöl
1 TL Salz
½ TL schwarzer Pfeffer
¼ TL Cayennepfeffer
1 Lachsseite mit Haut à 1,5 kg
1 Buchenbrett, unbehandelt,
ca. 2 cm dick, mind. 1 Std. gewässert
Öl
Salz
Pfeffer

➤ **Am leckersten wird der Planken-Lachs im Kugelholzkohlegrill oder Gasgrill mit Deckel.**

Zubereitung

Alle Dressingzutaten im Mixer gut vermischen. In den laufenden Mixer nach und nach das Öl geben, bis eine glatte Masse entsteht.
Den Lachs salzen und pfeffern. Mit Schnitten bis auf die Haut (nicht durch die Haut!) portionieren und mit dem Dressing satt einpinseln.
Die Planke aus dem Wasser nehmen und für 5 Minuten bei direkter Hitze auf den Rost legen, bis sie anfängt zu qualmen. Dann den Lachs mit der Hautseite nach unten auf die zuvor geölte Holz-Planke legen und 20 bis 25 Minuten grillen.

➤ **Dazu schmeckt Blattspinat (S. 142)**

Es muss nicht immer Altbier sein

Was gibt es Schöneres, als einen Sommertag auf den Rheinwiesen mit einem guten Wein ausklingen zu lassen? Spätestens wenn die Sonne langsam untergeht und die Häuser der Rheinpromenade in goldenes Licht getaucht werden, ist der Alltagsstress vergessen und das Urlaubsgefühl da. Wer sich nicht sicher ist, welcher Wein zu was schmeckt, kann sich vorher beim Weinhändler beraten lassen:
Albrecht Hummelt aus dem ➤ **Kaarster Weinladen** informiert umfassend über alle guten Tropfen und hat immer den passenden Tipp auf Lager, auch die in diesem Buch. Interessierten verrät er außerdem gerne, bei welchem Weingut sich ein Besuch besonders lohnt.

Wer lieber etwas fürs Leben lernen möchte, ist bei einem Weinseminar gut aufgehoben: Regelmäßig bietet die Firma ➤ **Weintrainer** im Raum Düsseldorf Seminare in schöner Umgebung wie beispielsweise einer Galerie, einem Museum oder Hotel an. Innerhalb von rund 3 Stunden werden 8 bis 12 Weine verkostet, dazu erzählt der Seminarleiter Wissenswertes rund ums Thema Wein.

Weniger verpflichtend, aber ähnlich gesellig geht es auf dem Rathausplatz zu, wenn vier Tage lang der ➤ **WeinSommer Rheinland-Pfalz** in Düsseldorf zu Gast ist: Die rheinland-pfälzischen Winzer erzeugen einen Großteil der deutschen Weine und damit ist auf dem Weinfest – egal ob Sekt, Rot- oder Weißwein – für jeden Geschmack etwas dabei. Die Weine können direkt beim Winzer verkostet werden, individuelle Beratung und fachliche Hintergrundinformationen inklusive.

Natürlich darf in Düsseldorf auch eine Messe zum Thema Wein nicht fehlen: Obwohl die ➤ **ProWein** als Verkaufsschau der neuesten Trends in Sachen Aromen und Weinanbaugebiete nur Fachbesuchern zugänglich ist, lassen die Veranstalter ganz Düsseldorf daran teilhaben: Unter dem Motto *ProWein goes city* gibt es nach Messeschluss zahlreiche Weinhandels- und Gastronomie-Partner, die für besondere Hochgenüsse sorgen: Vom Degustationsmenü im Sterne-Restaurant über das Chillout Weißrot im Nachtclub bis hin zum Weinfinale beim Händler.

Sie wissen bereits alles über Wein? Dann veranstalten Sie doch mit Freunden eine ➤ **Weinverkostung**. Dabei gibt es verschiedene Möglichkeiten: Beispielsweise können Sie die Probe aus verschiedenen Rebsorten eines Anbaugebietes zusammenstellen. Oder wählen Sie ein Aroma-Motto: Die Herausforderung besteht darin, einen besonderen Geschmack zu entdecken. Natürlich können auch Weine der gleichen Rebsorte aus verschiedenen Anbauregionen verkostet werden, zum Beispiel Riesling aus dem Rheingau, der Pfalz oder Rheinhessen. Zu beachten ist: In der Qualität wird aufsteigend verkostet, vom einfachen Wein hin zur Spitzenqualität. Der wahre Genuss sollte am Schluss stehen. Außerdem gilt: Weiß vor Rot und trocken vor lieblich. Bei den Rotweinen werden die fruchtigen vor den gerbstoffbetonten probiert. Da die Weine aus dem Eichenfass, die Barriqueweine, die intensivsten Aromen mitbringen, werden sie zum Schluss verkostet.

Im alten Bierhause

Das „alte Bierhaus“ der Familie Meuser ist eine Institution in Niederkassel: 1850 ersteigerte der Büdericher Franz-Wilhelm Meuser das Haus mit dem gesamten Inventar und nahm 1853 mit seiner Frau Katharina-Anna den Schankbetrieb auf. Dazu eröffneten sie eine Bäckerei, die bis 1992 existierte. Ab 1884 führte Sohn Franz-Johann, der wegen seiner Körperfülle den Beinamen „der dicke Meuser“ hatte, mit seiner Frau Katharina-Maria beide Geschäfte weiter. 1922 übernahmen Hermann-Josef und Anna-Christine Meuser Schankbetrieb und Bäckerei. Der Kunst- und Sammelleidenschaft von „Manes“ Meuser ist es zu verdanken, dass im „alten Bierhaus“ ein Stück Niederkasseler Geschichte dokumentiert ist. Nach dessen Tod führten Sohn Laurentius und seine Frau Marlene mit seiner Schwester Maria den Traditionsbetrieb in vierter Generation fort. Heute wird das „alte Bierhaus“ in der fünften Generation von den Geschwistern Andreas und Magdalene Meuser geführt.

Speckpfannkuchen

Zutaten

250 g Mehl
4 Eier
1 EL Zucker
1 Prise Salz
375 ml Milch
125 ml Mineralwasser (mit Kohlensäure)
400 g durchwachsener Speck
Sonnenblumenöl

Zubereitung

Das Mehl in eine Rührschüssel geben und in die Mitte eine Vertiefung drücken. Die Eier mit dem Zucker, Salz, der Milch und dem Mineralwasser mischen. Etwas davon in die Vertiefung geben und alles miteinander verrühren, dann nach und nach die übrige Eierflüssigkeit dazugeben und den Teig glatt rühren. Anschließend den Teig etwa 20 bis 30 Minuten ruhen lassen. Den Speck in dünne Scheiben schneiden und im Öl anbraten. Etwas von dem Teig darüber geben. Sobald die Ränder goldgelb sind, den Pfannkuchen mit einem Pfannenwender herausnehmen, noch etwas Öl in die Pfanne geben und nun von der anderen Seite backen. ▮

➤ **Dazu schmeckt Salat (S. 13)**

Weißwein
trocken, Grauburgunder, Qualität QbA
Region Pfalz
Weingut Thomas Hensel

No 1
Kinzler

Die größte Kirmes am Rhein

Der Duft von Zuckerwatte, gebratenen Mandeln, Backfisch und Reibekuchen erinnert nicht wenige an unbeschwerte Kindheitstage und auch das Ponyreiten und die Wurfbude lassen längst Vergessenes wieder aufleben. Ganze neun Tage feiern inzwischen mehr als vier Millionen Besucher und über 350 Schausteller das Schützenfest des Sankt Sebastianus Schützenvereins 1316 – die größte Kirmes am Rhein. Das Vogelschießen der Schützenbrüder ist bereits seit dem 12. Jahrhundert verbürgt, in größerem Umfang feiern sie ihren Patron, den heiligen Apollinaris, aber erst seit dem 19. Jahrhundert: Ab 1824 hielt der Hofgarten als Festplatz her, ab 1875 dann die angrenzende Golzheimer Insel. Doch nachdem der Rhein eingedeicht und die erste feste Straßenbrücke entstanden war, zogen die Schützen vor die Stadt und feiern seit 1901 auf den Oberkasseler Rheinwiesen.

Waffeln

Zutaten

125 g Butter
50 g Zucker
2 TL Vanillezucker
Salz
4 Eier
250 g Mehl
1 EL Backpulver
250 ml Buttermilch
Puderzucker zum Bestäuben

Zubereitung

Butter, Zucker, Vanillezucker, Salz und Eier gut schaumig rühren. Mehl und Backpulver mischen und löffelweise unter die Butter-Eier-Masse geben. Die Buttermilch solange zugeben, bis ein glatter Teig entsteht. Mit einer Suppenkelle etwas Teig in das Waffeleisen geben. Die Backzeit beträgt etwa 4 bis 6 Minuten. Zum Servieren mit Puderzucker bestäuben. ∎

Riefkoken mit Apfelkraut

Zutaten

Für die Riefkoken:
1 kg Kartoffeln, fest kochend
1 große Zwiebel
1 Ei
100 g Mehl
Pflanzenfett
Salz

Für das Apfelkraut:
5 kg Äpfel, nicht zu reif
500 ml Wasser

Zubereitung

Die Kartoffeln und die Zwiebel schälen und fein reiben. Mit einem Küchentuch den Saft aus den Kartoffeln pressen und auffangen. Kartoffel- und Zwiebelraspeln mit dem Ei und dem Mehl verrühren. Den ausgepressten Kartoffelsaft etwas stehen lassen, damit sich die Stärke absetzt. Die Kartoffelstärke mit einem Löffel abnehmen und unter die Kartoffelmasse ziehen. Mit Salz würzen. In einer Pfanne das Pflanzenfett erhitzen und mit einem Schöpflöffel die Masse in kleinen Portionen ins schwimmende Fett geben. Von beiden Seiten knusprig braten.
Äpfel waschen, in Viertel schneiden. In einem Topf Apfelstücke mit Wasser gar kochen (wie bei einem Kompott). Ein großes Sieb mit Küchentuch auslegen, darunter einen Topf zum Auffangen der Flüssigkeit stellen. Äpfel mit Wasser einfüllen und für 24 Stunden abtropfen lassen (oder mit Dampfentsafter entsaften). 3 l Saft aus dem Topf entnehmen und in einem weiteren Topf aufkochen, sodass in etwa 90 Minuten der Saft auf $^1/_6$ reduziert wird. Sobald der Saft andickt, öfter am Topfboden rühren, bis ein dunkler Sirup entstanden ist. Den dunklen Apfelsirup in Einweckgläser füllen und verschließen. ∎

➤ **Kalte Reibekuchen schmecken lecker auf Schwarzbrot mit Butter und Apfelkraut**

Fortuna 95 olé

Rot-weiße Trikots, Schals und Mützen wohin das Auge reicht, wehende Fahnen, anfeuernde Gesänge, begeisterte Freudentaumel, aber auch Tränen der Enttäuschung – der Düsseldorfer lebt und leidet mit seiner Fortuna.
Größte Erfolge der Vereinsgeschichte waren der Gewinn der deutschen Meisterschaft im Jahr 1933 und das Erreichen des Europapokalfinales der Pokalsieger 1979. Ab den 1980er-Jahren geriet der Verein in einen Abwärtstrend, doch seit 2008 ging es wieder aufwärts: Die Rotweißen schafften die Qualifikation für die neu gegründete Dritte Liga. Und am 38. Spieltag 2009 dann der ganz große Jubel: Fortuna Düsseldorf gewann mit 1:0 gegen Werder Bremen II und kehrt nach zehn Jahren wieder in die Zweite Liga zurück.

Der Brötchen-Klassiker ist zurück

Mit der Rückkehr des Erfolgs erlebte auch das Fortuna-Brötchen ein Revival. Angeblich soll es um 1967 von einem jungen Fortuna-Fan am Büdchen am Lichtplätzchen erfunden worden sein. Die Jugend war damals so angetan, dass sich die Kreation schnell herumsprach und auch andere Büdchen und Bäcker bald mit dem Fortuna-Brötchen aufwarteten.
2009 war das Fortuna-Brötchen dann wieder in aller Munde: Am 28. August verteilten die Bäcker Thomas Puppe, Joseph Hinkel, Rainer Kapust und Ralf Tiggelkamp für ihre Aktion „Der Klassiker ist zurück" vor der Bäckerei Puppe an der Luegallee Fortuna-Brötchen an Kunden und Passanten. Unterstützt wurden sie dabei von Abwehrspieler Kai Schwertfeger, Aufstiegsheld Marco Christ und Vorstandsmitglied Werner Sesterhenn. Von jedem verkauften Fortuna-Brötchen spendeten die Bäcker fünfzig Cent an die Rot-Weißen aus Flingern.

Fortuna-Brötchen

Zutaten
1 Brötchen
1 Schokokuss

Zubereitung
Das Brötchen aufschneiden, den Schokokuss auf eine Hälfte stellen, die andere Brötchenhälfte vorsichtig auf dessen Oberfläche ausbalancieren. Dann beide Brötchenhälften beherzt zusammendrücken.

Mögliche Variationen
(die Zubereitung ist mit der Klassik-Version identisch):

Tricolor
1 Brötchen
1 Minischokokuss Vollmich
1 Minischokokuss zartbitter
1 Minischokokuss weiß

Fortunabrot
1 Scheibe Graubrot
1 Schokokuss

Croissant de la fortune
1 Butter-Croissant
1 Schokokuss

BIS ZUM BITTEREN
Fortuna Düsseldorf
HAMBURGER
FORTUNA DÜSSELDORF
Fortuna Düsseldorf
MEINE STADT – MEIN VEREIN – MEINE LIEBE
EINMAL FORTUNA – IMMER FORTUNA
POKALSIEGER
YOU'LL NEVER WALK
1895
THEKE DER WELT
FORTUNA

IN KAPPESHAMM

Felder, Wiesen & Gärten – die Gemüsekammer am Rhein

Ein grün gestreiftes Meer aus den verschiedensten Gemüsesorten – so zeigen sich die Hammer Felder jedem, der sich Düsseldorf über die Kardinal-Frings-Brücke nähert. Das war schon immer so, denn der fruchtbare lehmige Boden und die guten Klimaverhältnisse sorgten nicht nur für eine hervorragende Qualität von Kohl, Spargel und Co., sondern auch dafür, dass die Hammer Bauern bis zu vier Ernten auf einem Acker im Jahr einholen konnten. So machte sich Hamm schnell einen Namen als Gemüsekammer Düsseldorfs und dessen Umgebung. Besonders gut gedeihen hier die Kohlarten, die dem idyllischen Vorort dann auch seinen Spitznamen eingebracht haben: Kappeshamm.

Schnibbelbohnengemüse mit Mettwürsten

Zutaten
500 g Schnibbelbohnen, sauer eingelegt
750 g Kartoffeln, mehlig kochend
2 Zwiebeln
2 EL Pflanzenfett
400 ml Gemüsebrühe
8 Mettwürste
Salz
Pfeffer

Zubereitung
Die Schnibbelbohnen mit Wasser bedeckt in einem ausreichend großen Topf etwa 20 Minuten köcheln lassen. Die Kartoffeln waschen, schälen, in Stücke schneiden und in Salzwasser zum Kochen bringen. Bei mittlerer Hitze ebenfalls etwa 20 Minuten köcheln lassen. Anschließend die Schnibbelbohnen durch ein Sieb abschütten und beiseite stellen. Die Zwiebeln würfeln und im heißen Pflanzenfett glasig dünsten. Dann die Schnibbelbohnen hinzugeben. Die Kartoffeln abgießen, kurz abdämpfen und grob stampfen. Nun die gestampften Kartoffeln mit den Zwiebeln und den Bohnen mischen und mit Gemüsebrühe auffüllen bis die gewünschte Konsistenz erreicht ist. Die Mettwürste hinzugeben und alles kurz aufkochen lassen. Anschließend mit Salz und Pfeffer abschmecken.

Kappessalat

Zutaten
750 g Weißkohl
1 Apfel
125 ml Gemüsebrühe
125 ml Wasser
½ TL Kümmel, gemahlen
1–2 EL Zucker
3 TL Weißweinessig
100 g durchwachsener Speck
Salz
Pfeffer

Zubereitung
Den Weißkohl putzen, waschen und den Strunk entfernen. Die Blätter in Streifen schneiden. Den Apfel schälen, entkernen und in Würfel schneiden. Danach den Weißkohl mit Gemüsebrühe, Wasser, Kümmel, Zucker, Weißweinessig und etwas Salz in einen Topf geben. Bei geringer Hitze etwa 30 Minuten köcheln lassen. Danach den Weißkohl in eine Schüssel geben und abkühlen lassen. Nun den Speck in Würfel schneiden und in einer Pfanne auslassen. Anschließend die Apfelwürfel kurz im Speckfett schmoren lassen und dann zu dem abgekühlten Weißkohl dazu geben. Abschließend mit Salz und Pfeffer abschmecken.

Weißwein
trocken, Weißburgunder, Qualität QbA
Region Pfalz
Weingut Markus Schneider

Dicke Bohnen mit Speck

Zutaten
1 kg dicke Bohnen
etwas frisches Bohnenkraut
1 kg Kartoffeln, mehlig kochend
3 Zwiebeln
80 g durchwachsener Speck, geräuchert
1 EL Pflanzenfett
2 EL Mehl
1 Prise Zucker
1–2 EL Essig
Salz
Pfeffer

Zubereitung
Die Bohnen aushülsen, waschen und abtropfen lassen. Das Bohnenkraut waschen, trocknen und die Blätter von den Stielen entfernen. Die Bohnen mit dem Bohnenkraut in Wasser zum Kochen bringen, etwas salzen und etwa 15 Minuten garen. Anschließend die Bohnen durch ein Sieb abgießen, den Kochsud auffangen.
Die Kartoffeln schälen, waschen, würfeln und in 250 ml Salzwasser ca. 20 Minuten garen. Danach abgießen und abtropfen lassen.
Die Zwiebeln schälen und in Würfel schneiden. Den Speck ebenfalls würfeln und mit Pflanzenfett in der Pfanne auslassen. Die Zwiebeln zum Speck geben und glasig dünsten. Das Mehl hinzufügen, unter Rühren schwitzen lassen und mit etwas Kochsud zu einer glatten Soße verrühren. Bohnen und Kartoffeln unter die Soße heben und mit Salz, Pfeffer, Zucker und Essig abschmecken. ▮

➤ **Dazu schmecken Bratwürste**

Rotwein
trocken, Mâcon-Villages Gamay, Qualität AOC
Region Beaujolais, Burgund, Frankreich
Weingut Albert Bichot

Weißwein
halbtrocken, Kerner, Qualität QbA
Region Rheinhessen
Winzergenossenschaft Weinbiet

Stielmus mit Kassler

Zutaten
600 g Stielmus
600 g Kartoffeln, mehlig kochend
750 g Kassler Nacken ohne Knochen
250 ml Wasser
2 große Zwiebeln
5 EL Dosenmilch
40 g Butter
Salz
Pfeffer

Zubereitung
Stielmus putzen und klein schneiden, Kartoffeln waschen, schälen und würfeln. Fleisch im Wasser kochen, bis es fast weich ist. Stielmus und Kartoffeln hinzufügen und ebenfalls weich kochen. Zwiebeln schälen, würfeln und dazugeben. Das Fleisch aus dem Topf nehmen und klein schneiden. Die entstandene Brühe abschütten und pürieren. Dosenmilch und Butter unterrühren, nach Geschmack mit Salz und Pfeffer würzen. Das gewürfelte Fleisch wieder hineingeben, bis es heiß ist und anschließend servieren. ▮

Stielmus – ein Gemüse mit rheinischen Wurzeln

Stielmus, oder auch Rübstiel genannt, ist ein Kohlgewächs mit fein-säuerlichem Geschmack, das am besten erntefrisch verwendet wird. Wie die Bezeichnung „Stielmus“ schon erahnen lässt, werden bei diesem Gemüse nur die Blattstiele – und zwar die der Mai- oder Herbstrübe – verwendet. Sogar die Blätter werden vor dem Kochen entfernt, da sie häufig rau und bitter sind. Sie werden einfach von den Blattstielen abgestreift, was ihnen auch den Namen „Streifmus“ eingebracht hat. Im Rheinland hat Stielmus eine lange Tradition: In der Mitte des 20. Jahrhunderts wurde das Stielmus – anders als heutzutage – vornehmlich im Herbst geerntet, um es in großen Steintonnen unter Luftabschluss als Wintervorrat einzumachen. Dazu wurde das Gemüse geputzt und die Stiele in Stücke geschnitten. Leicht abgekocht und danach wieder erkaltet, kam es mit Salz abgedeckt in eine Steintonne. Nach abgeschlossener Gärung verschloss man das Gemüse mit einem weißen Tuch und einem Brett auf dem ein schwerer Pflasterstein lag. Abdecktuch, Brett und Tonne mussten regelmäßig gereinigt und das Eingemachte wieder mit Salzwasser bedeckt werden. So sorgte der Stielmus früher im Winter immer für eine deftige Mahlzeit.

Wetterfahne auf Hammer Dach

Weißer Spargel vs. Winterspargel

Kaisergemüse sagte man früher zum Spargel, der ehemals als Luxusgemüse galt, doch heute – zum Glück – für jedermann erschwinglich ist. Bereits den ägyptischen Göttern wurde er als Opfergabe dargeboten und auch die römischen Kaiser und Gelehrten verzehrten Spargel mit großer Leidenschaft. Trotzdem ist man sich bis heute nicht sicher, woher dieses Gemüse genau kommt. Der beliebteste, der weiße Spargel, wird in angehäuften Beeten gezogen und bevor seine Spitze das Licht der Sonne erblickt, einzeln von Hand gestochen. Frisch ist der Spargel, wenn die Stangen fest und knackig sind und beim Aneinanderreiben quietschen. Wenn die Spargelstange gedrückt wird, sollte etwas Flüssigkeit austreten und auch die Schnittflächen sollten nicht ausgetrocknet sein.

Die Schwarzwurzel, die früher häufig wegen ihres zarten, nussigen Geschmacks gegessen wurde, danach allerdings in Vergessenheit geriet, findet nun wieder in die deutschen Kochtöpfe zurück. Wegen ihrer Ähnlichkeit zum Spargel und der Ernte von Oktober bis April ist sie auch unter dem Namen „Winterspargel" bekannt. Die Heilkraft der Schwarzwurzel wussten die Menschen schon früh zu schätzen: Karl der Große aß das Gemüse, um jung und gesund zu bleiben, Sonnenkönig Ludwig XIV. schwor nach üppigen Gelagen zum Auskurieren von Magenbeschwerden darauf. Allgemein war man von der Wirksamkeit der Schwarzwurzel gegen Schlangenbisse und sogar gegen die Pest überzeugt. Ob das Gemüse frisch ist, erkennt man an den gerade gewachsenen, unbeschädigten Wurzeln. Auch ein kurzer Ritz-Test hilft: Tritt eine milchige Flüssigkeit aus, ist die Wurzel frisch. Mittelgroße Stangen sind weniger holzig.

Hammer Eisenbahnbrücke

Spargel mit Brunnenkresse-Hollandaise

Zutaten

Für den Spargel:
2 kg weißer Spargel
2 TL Zucker
20 g Butter
Salz

Für die Brunnenkresse-Hollandaise:
125 g Butter
1 Bund Brunnenkresse
4 Eigelb
150 g Magermilchjoghurt
1 TL Honig
Salz
weißer Pfeffer

Zubereitung

Spargel schälen, die holzigen Enden abschneiden und zu Bündeln zusammenbinden. In Salzwasser mit Zucker und Butter in etwa 16 Minuten gar kochen.
Für die Hollandaise die Butter schmelzen. Brunnenkresse waschen, das grobe untere Drittel abschneiden, den Rest fein hacken. Eigelb und Joghurt über einem heißen Wasserbad aufschlagen. Die Butter nach und nach mit einem Schneebesen unterrühren, bis die Soße eine cremige Konsistenz erreicht hat. Die Hollandaise mit Salz, Pfeffer und Honig abschmecken, die Brunnenkresse unterheben und zusammen mit dem Spargel servieren. ■

➤ **Dazu schmecken Salzkartoffel (rechts)**

Weißwein
trocken, Rivaner, Qualität Classic
Region Markgräflerland, Baden
Winzergenossenschaft Laufen

Schwarzwurzelgemüse mit Salzkartoffeln

Zutaten

2 kg Schwarzwurzeln
1 EL Zitronensaft
1 kg Kartoffeln, fest kochend
4 EL Butter
5 EL Mehl
Zucker
125 ml Sahne
1 Ei
250 g gekochter Schinken
Salz
Pfeffer
2 EL Petersilie zum Garnieren

➤ **Schwarzwurzeln etwa 20 Minuten lang in Essigwasser vorkochen. Danach gut abschrecken. Die Haut lässt sich nun einfach abziehen.**

Zubereitung

Schwarzwurzeln in Wasser bürsten, waschen, schälen und in etwa 2 cm lange Stücke schneiden, dicke Stangen längs halbieren. Erneut waschen und in wenig gesalzenem Wasser mit dem Zitronensaft etwa 15 Minuten garen.
Kartoffeln schälen, waschen, halbieren und zum Kochen bringen. Nun Hitze herunterschalten und die Kartoffeln etwa 20 Minuten lang garen, dann abschütten.
Das Gemüse abgießen und das Kochwasser auffangen. Die Butter schmelzen und mit dem Mehl schwitzen lassen. Etwa 400 ml Kochwasser dazugeben und unter Rühren andicken lassen. Die Soße mit Salz, Pfeffer und Zucker würzen und anschließend vom Herd nehmen. Die Sahne mit dem Ei vermischen und unter die Soße heben. Den Schinken würfeln und mit den Schwarzwurzeln in die Soße geben. Nun das Gemüse und die Salzkartoffeln auf einem Teller anrichten und mit frisch gehackter Petersilie garnieren. ■

Weißwein
trocken, Gutedel, Qualität QbA
Region Baden
Winzergenossenschaft Laufen

Dorfidylle in Kappeshamm

Grünkohl auf Asiatisch

Zutaten

500 g Hähnchenbrustfilet
6 EL Sojasoße
6 EL süß-scharfe Chilisoße
600 g geputzter Grünkohl
3 Schalotten
3 EL Sesamsamen
5 EL Pflanzenöl
2 rote Paprikaschoten
300 g Ananas
300 ml Geflügelbrühe
Zitronensaft
Salz
Pfeffer

Zubereitung

Hähnchenbrustfilet waschen, in Streifen schneiden und mit Soja- und Chilisoße marinieren. Grünkohl waschen, harte Strünke entfernen und in Streifen schneiden. Schalotten schälen und würfeln. Sesamsamen mit etwas Pflanzenöl in einer Pfanne rösten. Paprikaschoten halbieren, entkernen, waschen und klein schneiden. Ananas klein schneiden.

Das Hähnchenfleisch im erhitzten Öl anbraten, dann herausnehmen. Schalotten und Paprikaschoten andünsten, Grünkohl und Brühe dazugeben und etwa 10 Minuten schmoren lassen. Ananas und Fleisch unterheben, mit übriger Soja- und Chilisoße, Salz, Pfeffer und etwas Zitronensaft würzen. Mit dem gerösteten Sesam bestreuen. ∎

Weißwein
halbtrocken, Gewürztraminer, Qualität AOC
Region Elsass, Frankreich
Weingut Lucien Albrecht

Grünkohl auf Rheinisch

Zutaten

500 g Kartoffeln
1 kg Grünkohl
250 ml Fleischbrühe
2 Zwiebeln
150 g magerer Speck
30 g Gänseschmalz
40 g Mehl
150 ml Sahne
Zucker
Muskatnuss
1 EL süßer Senf
Salz
Pfeffer

Zubereitung

Die Kartoffeln schälen, waschen und in Würfel schneiden. Den Grünkohl putzen, waschen und klein schneiden. Die Brühe zum Kochen bringen, Kartoffeln und Grünkohl darin etwa 30 Minuten kochen. Zwiebeln schälen und würfeln, den Speck ebenfalls in kleine Würfel schneiden. Das Gänseschmalz in einer Pfanne erhitzen und den Speck darin auslassen. Dann die Zwiebeln dazugeben und glasig dünsten. Die Pfanne vom Herd nehmen und Mehl und Sahne unterrühren. Von der Grünkohl-Kartoffel-Masse so viel Flüssigkeit abschütten, dass nur noch der Topfboden mit etwas Flüssigkeit bedeckt ist. Den Pfanneninhalt in den Topf geben und alles durchkochen lassen. Mit Zucker, Muskat, Senf, Salz und Pfeffer abschmecken. ∎

➤ Dazu schmecken Brat- oder Mettwürste (S. 27)

Milchreis mit Prummekompott

Zutaten

Für den Milchreis:
1 l Milch
1 Pck. Vanillezucker
1 Prise Salz
250 g Milchreis

Für den Prummekompott:
600 g Pflaumen
2 EL Zucker
1 Prise Zimt
2 Nelken
100 ml Orangensaft
2 TL Speisestärke

Zubereitung

Milch, Vanillezucker und Salz in einen großen Kochtopf geben. Die Milch vorsichtig aufkochen lassen. Nun den Milchreis in die kochende Milch geben, umrühren und noch einmal aufkochen lassen. Jetzt auf kleiner Hitze 30 Minuten lang garen. Die Pflaumen halbieren und entkernen. Zucker in einen Topf geben und mit Zimt bestreuen. Nelken und den möglichst frisch gepressten Orangensaft zufügen. Kurz zum Kochen bringen. Nelken wieder entfernen. Pflaumen dazugeben und einen Deckel auflegen. Auf mittlerer Temperatur ca. 5 bis 8 Minuten leicht köcheln lassen. Speisestärke in etwas kaltem Wasser glatt rühren und Pflaumenkompott damit unter Rühren andicken. Bis zum Servieren kalt stellen. ▮

Der eigene Gemüsegarten zur Miete

Weite Felder mit Möhren, Kartoffeln, Salaten, Tomaten und Blumen bis zum Horizont, ein zarter Duft von frischem Gemüse und blühenden Pflanzen in der Luft - da bekommt man Lust, selbst unter die Gärtner zu gehen. Warum eigentlich nicht? Wer Spaß daran hat, sein eigenes Gemüse zu züchten, aber keinen Garten besitzt, hat jedes Frühjahr die Möglichkeit, beim Gemüsebetrieb Andree in Hamm sein eigenes Feld für ein Jahr zu mieten. Im Internet unter ➤ **www.meine-ernte.de** einfach seinen eigenen Gemüsegarten sichern - aus drei möglichen Größen kann ausgewählt werden: Der kleine Garten mit fünfzig Quadratmetern für ein bis zwei Personen, der mittlere Garten mit hundert Quadratmetern für drei bis vier Personen und der große Garten mit etwa hundertfünfzig Quadratmetern für fünf bis sechs Personen. Die Gärtner vom Gemüsebetrieb säen und bepflanzen die Fläche mit etwa zwanzig verschiedenen Gemüsesorten wie Brokkoli, Bohnen, Erbsen, Kartoffeln, Kohlrabi, Möhren, Landgurken, Porree, Radieschen, Salat, Spinat, Tomaten oder Zucchini und auch ein paar Blumensorten. Darüber hinaus bleibt ein Teil des Feldes für eigene Wünsche frei, alle nötigen Gartengeräte werden vor Ort zur Verfügung gestellt - eine tolle Möglichkeit für Hobbygärtner. Anfang Mai gibt's eine Infoveranstaltung vor Ort am Volmerswerther bzw. Hammer Deich, bei der die Gemüsegärten zugeteilt und grundlegende Fragen beantwortet werden. Spätestens Anfang November endet dann die Saison. Also dann - ab ins Beet!

Fast wie selbst geerntet

Wer Wert auf kontrolliert biologische Lebensmittel legt, das Gemüse aber nicht selbst hegen und pflegen möchte, ist bei ➤ **Kreutzerhof Naturkost** genau richtig. Neben Obst und Gemüse, Fleischwaren und Molkereiprodukten, die von kleineren Bio-Bauern aus der näheren Umgebung stammen, sind auch Käsespezialitäten, ausgesuchte Weine und süße Köstlichkeiten im Angebot. Laktose- und glutenfreie Produkte lassen dann wirklich keine Wünsche mehr offen.

Biergarten am Rhein

Weißwein
halbtrocken, Riesling, Qualität QbA
Region Mosel-Saar-Ruwer
Weingut Selbach

Zuckerschoten-Reis-Pfanne

Zutaten

250 g ungekochter Langkornreis
250 g Möhren
250 g Champignons
200 g Zuckerschoten
3 Frühlingszwiebeln
1 Bund Petersilie
2 EL Pflanzenöl
150 g Emmentaler, geraspelt
Salz
Pfeffer

Zubereitung

Reis nach Anleitung quellen lassen. Zwischendurch Möhren schälen und schräg in Scheiben schneiden. Champignons putzen und vierteln, Zuckerschoten waschen und halbieren. Die Frühlingszwiebeln waschen und in Ringe schneiden. Petersilie waschen, trocken schütteln und klein hacken.

Öl in einer großen Pfanne erhitzen. Möhren und Zuckerschoten darin scharf anbraten. Gekochten Reis, Champignons und Frühlingszwiebeln hinzufügen und ca. 5 Minuten mitbraten. Zwischendurch wenden.

Käse und Petersilie unterrühren, mit Salz und Pfeffer abschmecken. ▮

Apfelscheiben im Bierteig

Zutaten
6 Äpfel, z. B. Boskop
3 EL Zitronensaft
120 g Zucker
3 TL Rum
200 g Mehl
250 ml Bier
Salz
50 g Butter
2 Eier
Butterschmalz
Zucker
Zimt

Zubereitung
Äpfel schälen, das Kerngehäuse entfernen und in etwa 1 cm dicke Scheiben schneiden. Den Zitronensaft mit etwa 20 g Zucker und dem Rum vermengen, das Gemisch auf die ausgelegten Apfelscheiben gießen und 30 Minuten ruhen lassen.
Das Mehl mit dem Bier, 100 g Zucker und einer Prise Salz verrühren und 20 Minuten quellen lassen. Die Butter zerlassen und abkühlen lassen. Die Eier trennen und das Eigelb mit der Butter zum Teig geben. Das Eiweiß zu Schnee schlagen und unter den Teig heben.
Butterschmalz in einer Pfanne erhitzen, die abgetropften Apfelscheiben nach und nach durch den Bierteig ziehen und auf beiden Seiten goldbraun ausbacken. Anschließend die Apfelringe auf Küchenkrepp entfetten, in einer Zucker-Zimt-Mischung wenden und noch heiß servieren. ▮

Wie frisch gepflückt
Das idyllische Wasserschloss Dyck bei Jüchen gehört mit seinen Vorburgen und dem bedeutenden englischen Landschaftsgarten zu den schönsten Kulturdenkmälern des Rheinlands. Als Zentrum für Gartenkunst und Landschaftskultur begeistert es Gartenliebhaber und Fachleute gleichermaßen. Einmal in der Nähe des Schlosses sollten Sie nicht versäumen, sich die große Auswahl des Obstverkaufes anzuschauen und die frischen Produkte mit nach Hause zu nehmen. Schloss Dyck verfügt über eine mehr als fünfzigjährige Tradition des Apfelanbaus. Neben den Äpfeln wird ein breites Angebot an Kern-, Stein- und Beerenobst verkauft – alles frisch von den ➤ **Obstplantagen Schloss Dyck und Bloemersheim.** Die Auswahl im Shop umfasst Produkte wie Birnen, Süßkirschen, Pflaumen, Zwetschgen, Erdbeeren, Heidelbeeren, Himbeeren, Spargel, Kartoffeln, Apfelsaft, Apfelcidre, Apfelchips, rheinische Kraute, Marmeladen, Muse, Honig und Rapsöl. Im April beginnt die Spargel-, Ende Mai die Erdbeerzeit. Im Juni haben die Süßkirschen ihre hohe Zeit, im Juli sind die ersten Sommeräpfel reif und die Esspflaumen ein wahrer Genuss. Im September werden die Herbst- und Wintersorten der Äpfel geerntet – so bietet (fast) jeder Monat Anlass, Schloss Dyck zu besuchen und sich durch die erntefrischen Früchte zu neuen Rezepten inspirieren zu lassen!

Direkt am bewaldeten Heidberg liegt das ➤ **Apfelparadies Wittlaer.** 1987 wurden die auf der ehemaligen alten Obstwiese stehenden Hochstämme gerodet und durch ca. 5000 Apfelbäume ersetzt. Noch im Herbst des gleichen Jahres begann der Verkauf von eigenen Produkten. Inzwischen findet der Verkauf ganzjährig statt. Auch heute noch sind die eigenen Produkte Hauptschwerpunkt, jedoch wurde das Angebot vielfältig erweitert. Je nach Saison werden nun auch Birnen, Süß- und Sauerkirschen, Tafeltrauben, Zwetschgen, Beerenobst und vieles mehr angeboten.

Rhabarber-Erdbeer-Grütze

Zutaten
500 g Rhabarber
400 ml Weißwein, halbtrocken
100 g Zucker
1 TL Ingwerwurzel, gerieben
40 g Speisestärke
250 g Erdbeeren
200 g Vanilleeis

Zubereitung
Den Rhabarber schälen und in Stücke schneiden. Wein, Zucker und Ingwer erhitzen und den Rhabarber darin weich kochen. Die Stücke sollen noch nicht zerfallen. Dann Rhabarber durch ein Sieb schütten und abtropfen lassen, die Flüssigkeit dabei auffangen. Die Speisestärke mit 2 EL kaltem Wasser anrühren und unter die aufgefangene Flüssigkeit rühren. Kurz Aufkochen lassen.
Die Erdbeeren waschen, Stiele entfernen, halbieren und mit dem Rhabarber unter die Masse rühren. Noch einmal kurz erhitzen, in eine Schale füllen und erkalten lassen. Mit Vanilleeis servieren. ▮

Spargel
4,50
Klasse I
NL
Spargel
500g 3,-
1kg 6,-
Casas
Royes

AUF DEM CARLSPLATZ

Frische, Vielfalt & Genuss – der rheinische Viktualienmarkt

Der Markt auf dem Carlsplatz hat Tradition: Bereits 1482 bewilligte Herzog Wilhelm dort einen sechstägigen Jahrmarkt. 1808 setzte sich der Carlsplatz als Standort für die vier einwöchigen Jahrmärkte Düsseldorfs gegen den in der Altstadt durch und etablierte sich im Jahr 1910 vollends. Ab 1940 wurde er auf den Schwanenmarkt verlegt, weil auf der mittlerweile „Karlplatz“ benannten Fläche ein Luftschutzbunker errichtet wurde. Nach dem Krieg kehrte der Markt wieder auf den Karlplatz zurück. 1998 bekam er durch die Glasüberdachung und 2002 durch die Pavillons ein neues Gesicht. Inzwischen ist auf eine Initiative der Bürgergesellschaft Alde Düsseldorfer auch der Name „Carlsplatz“ zurückgekehrt. Das Marktangebot ist nach wie vor vielfältig: Angefangen bei frischen Früchten und Gemüse, über Brot, Käse und Wein bis hin zu Pasta, Reibekuchen und Backfisch zum sofortigen Verzehr – hier kommt jeder auf seine Kosten. Neben Lebensmitteln werden auch Blumen und allerlei Produkte rund um Küche und Haushalt angeboten.

Nichts geht über einen guten Eintopf
Erinnerungen an Kindheitstage weckt die ➤ **Düsseldorfer Gulaschkanone Josef Dauser**, die mit ihren herzhaften Eintöpfen Jung und Alt auf Carlsplatz und Ulmenstraße begeistert. Im Betrieb in Derendorf werden alle Gerichte, wie zum Beispiel der Klassiker, die „Äazesupp vom Dausers Jupp" hergestellt. Hiesige Bauern liefern die frischen Zutaten, die in dem Traditionsunternehmen ohne Zusatz von Konservierungsstoffen weiterverarbeitet werden.

Rheinische Erbsensuppe

Zutaten

200 g getrocknete Schälerbsen
1 Möhre
1 Bund Suppengrün
1 Sellerieknolle
250 g durchwachsener Speck
300 g Kartoffeln, mehlig kochend
2 l Fleischbrühe
1 Lorbeerblatt
2 EL Pflanzenfett
1 Zwiebel
4 Mettwürste
1 TL Majoran
Salz
Pfeffer

Zubereitung

Die Erbsen über Nacht in Wasser einweichen. Am nächsten Tag abgießen und abtropfen lassen. Das Gemüse putzen, waschen und in Würfel schneiden. Den Speck ebenfalls würfeln. Die Kartoffeln waschen, schälen und klein schneiden. Die Fleischbrühe erhitzen und die Erbsen darin etwa 45 Minuten kochen lassen, anschließend Möhre, Suppengrün, Sellerie und Lorbeerblatt dazugeben und weitere 15 Minuten kochen lassen. In der Zwischenzeit den Speck mit etwas Pflanzenfett in der Pfanne kross anbraten, die gehackte Zwiebel dazugeben und glasig dünsten. Speck, Zwiebel und Mettwürste in die Suppe geben, Lorbeerblatt entfernen, mit Majoran, Salz und Pfeffer abschmecken. ▮

Weißwein
trocken, Riesling, Qualität Kabinett
Region Rheingau
Weingut Goldatzel

Asiatische Erbsensuppe

Zutaten

500 g Schälerbsen
1 große Zwiebel
15 g Butter
150 ml Kokoscreme, ungesüßt
1 Bund Koriandergrün
Wasabipulver
Sojasoße
200 g Lachs, geräuchert
4 TL Crème fraîche
Salz
Pfeffer

Zubereitung

Erbsen in einen hohen Topf geben und mit Wasser bedecken. Zum Kochen bringen und etwa 10 Minuten köcheln lassen. Danach in ein feines Sieb schütten und abtropfen lassen.
Die Zwiebel schälen und in Würfel schneiden. Mit etwas Butter andünsten, bis sie glasig werden. Die Erbsen und die Kokoscreme dazugeben und unter Rühren aufkochen lassen. Mit einem Mixstab die Suppe bis zur gewünschten Konsistenz pürieren. Anschließend durch ein feines Sieb passieren, sodass die harten Erbsenschalen zurückbleiben.
Koriander waschen, trocken schütteln und die Blätter fein zerhacken. Je nach Geschmack die Suppe mit Wasabipulver, Sojasoße, Salz, Pfeffer und dem Koriander würzen.
Den Räucherlachs klein schneiden und gleichmäßig auf dem Boden von tiefen Suppentellern verteilen. Die Erbsensuppe über den Lachs geben und mit je einem Löffel Crème fraîche garnieren. ■

➤ **Wenn kein Wasabi zur Hand ist, eignet sich auch scharfer Meerrettich, um die gewünschte Schärfe zu erhalten**

Alles für die Küche
Ein wahrer Küchentempel ist ➤ **Cucina**, direkt am Carlsplatz gelegen. Neben unzähligen Töpfen, Pfannen, Brätern und Auflaufformen gibt es jede Menge Küchenutensilien – vom profanen Schneebesen bis zum hochkarätigen japanischen Messer. Außerdem findet der Kochinteressierte hier Kühlschränke, Kochfelder mit Gas, Backöfen und viele weitere Küchengeräte, die die Arbeit erleichtern und die Küche schmücken. Die passenden Rezepte zu den neuen Errungenschaften gibt's in den vielen Kochbüchern und einige Zutaten wie Ketchup, Gewürze oder Pasta liegen auch zur Mitnahme bereit.

Rindfleischbrühe mit Markklößchen

Zutaten

Für die Rindfleischbrühe:

500 g Ochsenbrust
300 g Fleischknochen
1 Lorbeerblatt
3 Petersilienstängel
1 Thymianzweig
8–10 Pfefferkörner
4 l Wasser
Salz
1 Bund Suppengrün
2 Markknochen

Für die Markklößchen:

60 g frisches Rindermark
2 Eier
90 g Weißbrot
1 Prise Salz
Muskatnuss
1 TL Petersilie
1 Zitrone, unbehandelt

Zubereitung

Fleisch und Fleischknochen unter kaltem Wasser waschen, in einen großen Kochtopf legen und die Kräuter sowie die Pfefferkörner darauf verteilen. Das Ganze mit Wasser begießen, salzen und zum Kochen bringen. Den sich bildenden Schaum abschöpfen und bei schwacher Hitze mindestens 3 Stunden köcheln lassen. 1 Stunde vor Ende der Garzeit das in Würfel bzw. Ringe geschnittene Suppengrün und die Markknochen dazugeben.

Das Fleisch und die Knochen herausheben und die Brühe durch ein Sieb gießen. Die Brühe entweder sofort entfetten oder erkalten lassen und dann die Fettschicht abheben.

Falls die Brühe noch etwas kräftiger sein soll, noch weiter einkochen lassen.

Das Mark klein schneiden und in einer Pfanne bei schwacher Hitze schmelzen lassen. Das flüssige Fett durch ein Sieb streichen und mit einem Schneebesen schaumig schlagen. Abwechselnd nach und nach die Eier und das frisch geriebene und entrindete Weißbrot unterrühren. Falls die Masse noch zu weich ist, etwas von den Brotbröseln dazugeben. Mit Salz, frisch geriebenem Muskat, gehackter Petersilie und etwas abgeriebener Zitronenschale würzen.

Den Teig etwa 20 Minuten ruhen lassen. Dann zu kleinen Bällchen formen und in die kochende Brühe geben. Bei schwacher Hitze in etwa 15 Minuten gar ziehen lassen. ▮

➤ **Keine Zeit, selbst frische Markklößchen zuzubereiten? Dann sprechen Sie den Metzger Ihres Vertrauens an – der nutzt das frische Rindermark und stellt daraus Markklößchen her**

➤ En ächte rheinesch Körbes- oder Jemööszupp kocht man/frau us de la Mäng – das heißt die Mengenangaben sind variabel – et muss dä richtije Klätsch han

Körbes- oder Jemööszupp nach Manes Meckenstock

Zutaten

1 kg Kürbisfleisch
(geht auch mit Lauch, Zwiebeln, Rüben u. v. m.)
1 Stich Butter
500 ml Brühe
500 g Kartoffeln
1 Prise Salz
500 ml Milch
Pfeffer
Muskatnuss
Brotwürfel, geröstet zum Garnieren
Petersilie zum Garnieren

Zubereitung

Den Kürbis aushöhlen und den Inhalt klein schneiden. Das Kürbisfleisch mit einem guten Stich Butter andünsten und anschließend mit Brühe aufschütten. Die Kartoffeln waschen, schälen, klein schneiden und zum angedünsteten Kürbis geben. Das Ganze nach Geschmack salzen und einmal kräftig aufkochen lassen.

Nun die Milch hinzugeben und eine Stunde höösch (bei kleiner Hitze) köcheln lassen. Zuletzt die Masse mit einem Stampfer grob pürieren und mit Pfeffer und frisch geriebener Muskatnuss abschmecken. Zum Servieren die Suppe mit gerösteten Brotwürfeln und gehackter Petersilie anrichten – joode Honger. ∎

Düsseldorf mal anders ...

Die etwas andere Stadtführung macht Manes Meckenstock (Foto oben) unter dem Titel ➤ **„Dorfschönheiten"**. Einmal im Monat führt der Düsseldorfer Kabarettist auf persönliche wie humorvolle Weise vom Ratinger Tor aus durch Alt- und Carlstadt. Was ist die „Retematäng"? Welche Kneipe war früher ein Freudenhaus? Wohin mit den gefüllten Nachttöpfen? Diese und andere Fragen weiß Manes Meckenstock während seiner Führung auf gewohnt rheinisch deftige Art zu beantworten. Zum Abschluss gehts ins Meckenstocks im Volksgarten, wo leckere Häppchen und ein Quiz auf die Zuhörer warten.

Möhrengemüse mit Frikadellen

Zutaten

Für das Möhrengemüse:
750 g Möhren
Zucker
750 g Kartoffeln, mehlig kochend
2 EL Butter
1 Pck. Schinkenspeck, gewürfelt
2 EL Pflanzenfett
1 Gemüsezwiebel
1 EL Honig
Muskatnuss
Salz
Pfeffer

Für die Frikadellen:
1 Brötchen
1 Zwiebel
250 g Rinderhack
250 g Schweinehack
1 Ei
2 EL Petersilie, gehackt
1 EL Senf
2 EL Pflanzenfett
Salz
Pfeffer

➤ Das Brötchen kann durch Paniermehl, Weiß- oder auch Vollkornmehl ersetzt werden.

Zubereitung

Die Möhren putzen, in Scheiben schneiden und im kochenden Wasser mit Salz und Zucker etwa 20 Minuten garen. Dann abgießen und kurz abdämpfen. Die Kartoffeln waschen, schälen, klein schneiden und in Salzwasser zum Kochen bringen. Bei mittlerer Hitze etwa 20 Minuten köcheln lassen, abgießen und kurz abdämpfen.
Die gekochten Möhren und Kartoffeln in einen Topf geben, die Butter zufügen und das Gemisch mit einem Kartoffelstampfer bis zur gewünschten Konsistenz zerkleinern.
Den Speck im Pflanzenfett kross ausbraten und die gewürfelte Gemüsezwiebel im Bratfett glasig anschwitzen. Speck und Zwiebelwürfel zu der Möhren-Kartoffel-Masse geben und mit dem Honig sowie frisch geriebener Muskatnuss, Salz und Pfeffer abschmecken.

Das Brötchen in 250 ml warmem Wasser einweichen. Die Zwiebel schälen und klein hacken. Anschließend das Hackfleisch mit der Zwiebel, dem Ei und der Petersilie in eine Schüssel geben. Das Brötchen gut ausdrücken und ebenfalls zu dem Hackfleisch geben. Mit Senf, Salz und Pfeffer würzen und das Hackfleisch gut mit allen Zutaten vermischen. Aus der Masse mit den Händen etwa acht Frikadellen formen. Das Pflanzenfett in einer Pfanne auf mittlerer Stufe erhitzen. Die Frikadellen in die Pfanne geben, anbraten und nach etwa 4 Minuten wenden. Von der anderen Seite die Frikadellen ebenfalls 4 Minuten goldbraun anbraten. Danach aus der Pfanne nehmen und auf Küchenpapier abtropfen lassen. ▮

Gemüseabo auf Wunsch

Mit viel Sorgfalt baut ➤ **Bioland Lammertzhof** Kartoffeln und Gemüse an. Seit über zwanzig Jahren arbeitet die Familie Hannen im niederrheinischen Büttgen, vor den Toren von Neuss und Düsseldorf, nach den Prinzipien des ökologischen Landbaus. Das gilt selbstverständlich auch für die Hühnerhaltung im Freiland-Gehege. Wer sich davon selbst überzeugen möchte, ist herzlich zu einer Führung mit Betriebsleiter Heinrich Hannen eingeladen. Besuchen kann man den Hofmarkt bei Büttgen oder die Marktstände in Neuss, Kaarst und Düsseldorf. Auch eine Hausbelieferung in Form eines Gemüseabos ist möglich: Dabei kann der Kunde je nach Vorliebe aus fünf Basis- bzw. vier Zusatzpaketen wählen, die der Lieferservice des Lammertzhofs einmal in der Woche ins Haus bringt.

Naturkost vom Feinsten

Die ➤ **Möhre** in Holthausen wurde zum dritten Mal als eines der besten Naturkostfachgeschäfte Deutschlands bewertet und gilt als das beste in Düsseldorf. Das Naturkostfachgeschäft an der Itterstraße bietet auf 35 Quadratmetern Verkaufsfläche 2500 Naturkostprodukte für den täglichen Bedarf. Der Onlineshop **www.moehre.com** hat rund um die Uhr geöffnet, geliefert wird montags und freitags.

Wachteln mit Sellerie-Kartoffelpüree

Zutaten

Für die Wachteln:

4 Wachteln, küchenfertig
1 Bund Petersilie
80 g Butter
2 EL Butterschmalz
250 ml Sahne
250 ml Hühnerbrühe
1 EL Speisestärke
Salz
Pfeffer

Für das Sellerie-Kartoffelpüree:

800 g Kartoffeln, mehlig kochend
600 g Sellerie
300 ml Sahne
20 g Butter
Muskatnuss
Salz
Pfeffer

Zubereitung

Die Wachteln waschen, trocknen und innen wie außen mit Salz und Pfeffer einreiben. Die Petersilie waschen, trocken schütteln, klein hacken und mit der Butter vermengen. Die Wachteln mit der Masse füllen und anschließend zunähen. Backofen auf 180 °C vorheizen. Das Butterschmalz in einem Bräter erhitzen und die Wachteln darin von allen Seiten anbraten. Sahne und Brühe dazu geben. Den Bräter nun in den Ofen schieben und alles etwa 40 Minuten lang schmoren lassen. Die Kartoffeln waschen, schälen, würfeln, in kaltes Salzwasser legen und zum Kochen bringen. Sellerie großzügig schälen und ebenfalls in Würfel schneiden. Den Sellerie in das kochende Wasser zu den Kartoffeln geben und ca. 20 bis 25 Minuten gar kochen lassen. Sahne zum Kochen bringen. Das gare Gemüse durch

ein Sieb geben und abdämpfen. Durch die Quetsche in eine Schüssel drücken, mit einem Kochlöffel die Butter unterziehen und die Sahne bis zur gewünschten Konsistenz zugeben. Mit frisch geriebener Muskatnuss, Salz und Pfeffer würzen.
Die Wachteln aus dem Bräter nehmen. Die Soße aufkochen lassen und mit Speisestärke binden. Mit Salz und Pfeffer würzen.
Das Püree mittig auf den Teller geben, die Wachtel darauf legen und mit etwas Soße übergießen. ▮

Gemüsestände auf dem Carlsplatz

Weißwein
trocken, Weißburgunder-Chardonnay,
Qualität QbA, Region Baden
Weingut Johner

Rotwein
(Rheinische Rouladen)
trocken, Trollinger, Qualität QbA
Region Württemberg
Winzergenossenschaft Heuchelberg

(Rinderrouladen lègere)
trocken, Lemberger, Qualität QbA
Region Württemberg
Winzergenossenschaft Heuchelberg

(Kalbsrouladen à la Saltimbocca)
trocken, Gamay, Qualität AOC
Beaujolais-Villages, Burgund, Frankreich
Weingut Albert Bichot

Rheinische Rouladen

Zutaten

150 g Essiggurken
3 Gemüsezwiebeln
6–7 TL Kapern
4 Rouladen vom Rind
5 EL Dijon-Senf
8 Scheiben Speck
5 EL Öl
500 ml Gemüsebrühe
5 EL Sahne
2 TL Mehl
Salz
schwarzer Pfeffer

Zubereitung

Essiggurken in kleine Würfel schneiden, Gemüsezwiebeln schälen und fein hacken. Mit 4 TL Kapern in eine Schüssel geben und gut vermischen. Rinderrouladen nebeneinander auf der Arbeitsfläche ausbreiten, leicht salzen und pfeffern. Jeweils mit 2 TL Senf bestreichen und mit jeweils 2 Scheiben Speck belegen. ⅓ vom Gurken-Zwiebel-Mix darauf geben. Die Längsseiten der Rouladen etwas nach innen einschlagen und das Fleisch vorsichtig aufrollen. Rouladen mit Rouladennadeln fixieren.
Öl in einem breiten Topf erhitzen. Rouladen darin in etwa 3 Minuten rundum anbraten, restlichen Gurken-Zwiebel-Mix zugeben und 3 bis 4 Minuten mit braten. Mit Gemüsebrühe ablöschen, dann den Bratensatz unter Rühren lösen und die Rinderrouladen zugedeckt bei kleiner Hitze 45 bis 50 Minuten schmoren lassen. Rouladen herausnehmen. Sahne mit Mehl vermischen und in die Soße rühren, kurz aufkochen lassen. Soße durch ein Sieb streichen, restlichen Senf und übrige Kapern untermischen. Mit Salz und Pfeffer würzen. ▮

➤ **Dazu schmeckt Kartoffelpüree (S. 69)**

Rinderrouladen légère

Zutaten

8 Champignons
2 Stangen Lauch
4 Rouladen vom Rind
4 EL Frischkäse
2 Scheiben gekochter Schinken
2 EL Pflanzenfett
250 ml Rotwein
100 ml Crème fraîche
Thymian
Salz
Pfeffer

Zubereitung

Die Champignons in Scheiben, den Lauch in Ringe schneiden. Die Rinderrouladen mit Frischkäse bestreichen, mit den Zutaten belegen und mit Salz und Pfeffer würzen. Nun die Rouladen aufrollen und mit Rouladennadeln fixieren. Rundherum in Pflanzenfett kräftig anbraten und mit Rotwein auffüllen. Die Rouladen sollten halb mit Flüssigkeit bedeckt sein. Im geschlossenen Topf 1 ½ bis 2 Stunden schmoren lassen. Dann die Rouladen herausnehmen und zum Soßenfond Crème fraîche dazu geben. Mit Thymian, Salz und Pfeffer abschmecken. ▮

Kalbsrouladen à la Saltimbocca

Zutaten

4 Rouladen vom Kalb
4 Scheiben roher Schinken
4 Scheiben Schweizer Käse
1 EL blanchierte Spinatblätter
1 Knoblauchzehe
4 Salbeiblätter
2 EL Butter
250 ml Weißwein
125 ml Sahne
Salz
Pfeffer

Zubereitung

Die gesalzenen und gepfefferten Kalbsrouladen mit Schinken, Käse, Spinat, geschältem und geschnittenem Knoblauch und Salbeiblättern belegen, aufrollen und mit einer Rouladennadel fixieren.
Rundherum in Butter bei mittlerer Hitze 4 bis 5 Minuten anbraten und mit Weißwein knapp auffüllen. Bei mittlerer Hitze 10 bis 15 Minuten bei geschlossenem Topf schmoren lassen. Die Kalbsrouladen herausnehmen, den Soßenfond mit Sahne binden, mit Salz und Pfeffer abschmecken. ▮

Wenn's um Schinken geht … ist man bei Martin-Antonio Grzabka, liebevoll ➤ **Schinkentoni** genannt, genau richtig. An seinem Stand auf dem Carlsplatz verkauft das Düsseldorfer Original neben Schinken auch andere Aufschnittspezialitäten und steht überforderten Kunden gerne mit Rat und Tat zur Zubereitung und Überzeugungsmaterial in Form von köstlichen Probier-Häppchen zur Verfügung.

Kochen mit Kräutern

Frische Kräuter runden ein Gericht erst ab und sind dabei auch noch richtig gesund. Wohl dem, der einen Balkon oder Garten sein Eigen nennen kann und dort fleißig allerlei Kräuter hegt und pflegt. Die meisten Kräuter sind reich an Vitamin C und besitzen viele wichtige Mineralien und Spurenelemente. Dadurch wirken sie entwässernd und entschlackend. Außerdem helfen sie bei Frühjahresmüdigkeit sowie auch zum Ankurbeln des Stoffwechsels – für Speisen, die mit vielen Kräutern gewürzt sind, benötigt man kaum Salz und beugt somit Herz- und Kreislauferkrankungen vor. Hier eine kleine Auswahl:

Basilikum
Leicht nelkenartiges, frischwürziges Aroma. Zu Tomatengerichten, Nudeln, Geflügel, Gemüsesuppen, Salaten oder als Pesto.

Bohnenkraut
Das würzig-pfeffrige Aroma verleiht Rotkohl, Rinderbraten, dicken Bohnen, Eintöpfen und Rühreiern eine pikante Note und kann reichlich verwendet werden.

Dill
Sehr würziges Kraut, schmeckt zu Gurken, Kartoffeln und Fischgerichten.

Estragon
Schmeckt nach Anis und Zitrone. Sparsam dosiert wird es für Kalbfleisch, Fisch und Vinaigrette verwendet.

Kerbel
Feines, leicht nach Anis schmeckendes Kraut. Mit den gehackten Blättern und Stielen können Rührei, Cremesuppen und Sahnesoßen wunderbar gewürzt werden.

Liebstöckel
Ein bitter-süßlicher Geschmack mit intensiver Sellerienote. Immer sparsam verwenden. Zu Fleisch- und Gemüsebrühen, Eintöpfen und Rinderbraten.

Majoran
Stark würzig, sehr intensiv. Passt hervorragend zu Gans, Ente, Wild und Leber.

Petersilie
Der frische herzhafte Geschmack eignet sich besonders gut als Ergänzung zu gebratener Scholle, Pilzpfannen und Gemüse.

Rosmarin
Schmeckt würzig bis harzig. Rosmarin passt, mäßig dosiert, zu allen deftigen Speisen wie Schweinebraten, Lammkeule, Wild oder Hackfleisch und zu Kartoffelgerichten.

Salbei
Pikant, leicht bitter. Er sollte sparsam verwendet werden. Für Kalbsschnitzel, Geflügelfüllungen, Nudeln, Leber und Hackfleischgerichte.

Schnittlauch
Schmeckt leicht nach Zwiebel und kann großzügig bei Pilzen, blanchierten Gemüsen, allen Salaten, pochierten Eiern und gekochtem Fisch verwendet werden.

Thymian
Zu Wildgerichten, Suppen, Marinaden, Soßen, Mayonnaise, Enten- und Gänsebraten sowie Eintopfgerichten.

So klappt es mit den Kräutern

- Kräuter sollten erst kurz vor dem Gebrauch gehackt oder gezupft werden. So bleibt das volle Aroma besser erhalten.
- Je feiner die Kräuter geschnitten werden, desto schneller können die Inhaltsstoffe auf die Speisen übergehen.
- Am besten halten sich die grünen Geschmacksbomben im Gemüsefach des Kühlschranks in luftdurchlässigen Behältern oder in ein feuchtes Tuch eingewickelt.
- Frische Kräuter sollten nicht länger als drei Tage aufbewahrt werden.
- Kräuter lassen sich auch gut einfrieren: Einen Eiswürfelbehälter mit den gehackten Kräutern nicht ganz befüllen und mit Wasser auffüllen.
- In Essig oder Öl eingelegt, sind Kräuter bis zu einem Jahr haltbar.
- Lieber keine gemahlenen Kräuter verwenden, da sich der Geschmack schnell verflüchtigt.
- Getrocknete Kräuter haben oftmals eine andere Geschmacksnote: Sie eignen sich vorzüglich zum Würzen von Fleisch über einem Holzkohlegrill, wenn man sie in die Glut streut.
- Frische Kräuter sollten nicht zu stark erhitzt werden, damit die wertvollen Inhaltsstoffe erhalten bleiben.
- Wer gerne frische Kräuter auf dem heimischen Balkon pflanzen möchte sollte sich erst informieren, welcher Standort für welche Kräuter der beste ist.

Kräuter für jede Gelegenheit
Dass Kräuter auch eine heilende Wirkung haben, wusste der Drogist und Heilpraktiker Rudolf Hackenberg schon 1935, als er sein Fachgeschäft für Heilkräuter in Leipzig eröffnete. Gut zwanzig Jahre später zog es ihn und seine Kräuter nach Düsseldorf, wo er das ➤ **Kräuterhaus Hackenberg** eröffnete. Hackenberg war durch seine Urinuntersuchung weit über die Grenzen Nordrhein-Westfalens bekannt, und noch heute besuchen Kunden das Kräuterhaus, für die Herr Hackenberg schon vor über vierzig Jahren eine Teemischung zusammengestellt hat.
Das Sortiment umfasst über tausend verschiedene Produkte wie Heilkräuter, Heilkräutermischungen, Kräutertees, Naturheilmittel, Gewürze, Kräuterbücher, Kräuterkosmetik und vieles mehr.

Deutschland

Heringsstipp

Zutaten
6 Heringsfilets, küchenfertig
6 Gurken, sauer eingelegt
2 Zwiebeln
1 Apfel, säuerlich
1 Ei, gekocht
500 g Magerjoghurt
250 g Schmand
4 EL Gurkenlake
einige Senfkörner
Salz
Pfeffer
frischer Dill zum Garnieren

Zubereitung
Heringsfilets in Streifen schneiden. Gurken, Zwiebeln und Apfel schälen, in Würfel schneiden, das Ei schälen, in Streifen schneiden und mit Magerjoghurt, Schmand und Gurkenlake mischen. Mit Senfkörnern, Salz und Pfeffer abschmecken und etwa eine Stunde ziehen lassen. Mit Dill garnieren.

➤ Dazu schmecken Reibekuchen (S. 21)

Weißwein
trocken, Sauvignon blanc, Qualität AOC
Region Bordeaux, Frankreich
Weingut Carl Wine

Fisch und Meer
An dem bekannten Fischstand ➤ **Bernhard Pahlke** auf dem Carlsplatz ist immer etwas los: Da trifft die Hausfrau die Nachbarin auf ein Schwätzchen, der eilige Geschäftsmann beißt herzhaft in sein Backfischbrötchen und der unbescholtene Marktbesucher bestaunt die reichhaltige Auslage – und die hält, was sie verspricht: Lachse, Forellen, Muscheln, Garnelen, Hummer, Seeteufel, Rotbarsch, Zander, Seezunge, und, und, und …

Augen auf beim Fische-Kauf
Frischen Fisch erkennt man an den klaren Augen und den roten Kiemen, die Haut sollte wie die Flossen noch intakt sein. Das Fleisch testet man am besten, indem man einen leichten Druck mit dem Finger darauf ausübt. Bleibt eine kleine Delle zurück, ist der Fisch nicht mehr frisch.

Gratin von Apfelsinen

Zutaten

5 Orangen
5 EL Orangenlikör
100 g Sahne
2 Eier
30 g Zucker
50 g Puderzucker
50 g Magerquark

Zubereitung

Die Orangen sorgfältig schälen und die einzelnen Filets herausschneiden, dabei den Saft auffangen. 3 EL Orangenlikör zum aufgefangenen Saft geben und die Orangenfilets darin ziehen lassen.

Den Backofen auf 220 °C vorheizen. Die Sahne mit 2 EL Orangenlikör steif schlagen und die Eier trennen. Das Eigelb mit dem Zucker und dem Puderzucker verrühren, bis eine schaumige Konsistenz erreicht ist. Nun den Magerquark und die geschlagene Sahne dazugeben. Das Eiweiß zu Schnee schlagen und ebenfalls unter die Masse heben.

Die Orangenfilets auf Tellern anrichten und mit der Quarkmischung bedecken. Das Gratin im Ofen goldbraun backen und noch heiß servieren. ■

Auf dem Markt in den 1930er-Jahren

Appeltaat

Zutaten

250 g Mehl
80 g Butter
110 g Zucker
150 g Magerquark
1 Prise Salz
750 g Äpfel
20 g Rosinen
1 Prise Zimt
50 g Mandelstifte, geröstet
1 Zitrone, unbehandelt
1 Eigelb
110 g Sahne

Zubereitung

Mehl, Butter, die Hälfte des Zuckers, Magerquark und Salz miteinander verkneten. Auf dünn bemehlter Arbeitsfläche rund (28 cm ø) ausrollen und eine eingefettete Tarteform (24 cm ø) damit auskleiden. Den Rest Teig aufbewahren. Äpfel schälen, entkernen und in feine Scheiben schneiden. Restlichen Zucker in einem weiten Topf hellgelb karamellisieren lassen. Die Äpfel zufügen und kurz darin dämpfen lassen. 50 ml Wasser zufügen. Rosinen, Zimt, Mandelstifte und Saft von einer ½ Zitrone zugeben. Danach in eine Schüssel füllen. Die abgekühlte Füllung auf dem Teigboden verstreichen. Aus dem restlichen Teig einen Deckel ausrollen, auf die Füllung legen. Die überstehenden Teile abschneiden. Den Teig am Formenrand gut festdrücken, aus dem Rest mit einer kleinen Form Dekoration ausstechen und auf den Deckel setzen.

Eigelb mit 1 EL Sahne verrühren und den Kuchen damit bestreichen. Im vorgeheizten Ofen bei 180 °C ca. 50 Minuten backen, dann auskühlen lassen. Die restliche Sahne schlagen und damit Rosetten auf den Kuchen spritzen. Von der Zitrone die Schale in Zesten abreiben und die Sahnerosetten damit garnieren. ▮

Markt auf dem Burgplatz um 1903

IN DER ALTSTADT

Kneipen, Kirchen & Kultur – das Herz der Stadt

Das Herz von Düsseldorf – das ist ohne Frage die Altstadt. Enge Gassen, historische Gemäuer, bunte Geschäfte und natürlich einladende Lokale: Das kaum einen halben Quadratkilometer große Viertel zwischen Rhein und Heinrich-Heine-Allee hat viel zu bieten. Ob man an einem lauen Sommerabend vor der Kneipe den jazzigen Klängen einer Band lauscht, an der Promenade Boule spielt, eines der zahlreichen Events am Rheinufer bestaunt oder sich auf geschichtsträchtige Spurensuche begibt – hier kommt jeder auf seine Kosten.

Die Türme der Max-Kirche

Graupensuppe

Zutaten

200 g Graupen, fein
2,5 l Rinderbrühe
1 große Möhre
1 Stange Lauch
100 g Knollensellerie
1 Zwiebel
2 Knoblauchzehen
6 Kartoffeln, mehlig kochend
250 g Bauchspeck
4 Mettwürste
2 EL Öl
Salz
Pfeffer

Zubereitung

Graupen in einem Sieb waschen und in 500 ml Brühe 5 Minuten kochen. Topf von der Kochstelle nehmen und Graupen im geschlossenen Topf 1 Stunde ausquellen lassen. Restliche Brühe beiseite stellen.
Möhre, Lauch, Sellerie, Zwiebel und Knoblauch putzen und fein würfeln. Kartoffeln und Bauchspeck in etwas größere Würfel, Mettwürste in Scheiben schneiden.
Öl in einem Topf heiß werden lassen, Bauchspeckwürfel anbraten, dann Zwiebel und Knoblauch dazugeben. Die Kartoffeln und die Wurstscheiben hinzufügen, kurz anbraten und alles mit 2 l Brühe ablöschen. 10 Minuten köcheln lassen. Das fein gewürfelte Gemüse und die Graupen dazugeben und nochmals 10 Minuten köcheln lassen. Mit Salz und Pfeffer abschmecken. ∎

Die Bäckergasse hinter der Max-Kirche

In der Mühlengasse

Kartoffelsuppe

Zutaten

500 g Kartoffeln, mehlig kochend
1 Möhre
1 Zwiebel
1 Sellerie
1 Stange Lauch
2 EL Öl
1,5 l Gemüsebrühe
1 Lorbeerblatt
1 Bund Petersilie
1 Bund Schnittlauch
Majoran
Muskatnuss
Salz
Pfeffer

Zubereitung

Kartoffeln und Möhre in grobe Würfel schneiden, Zwiebel und Sellerie feiner würfeln. Lauch in Ringe schneiden. Zwiebeln in etwas Öl glasig dünsten, Lauch und Sellerie dazugeben und mit der Gemüsebrühe ablöschen. Die gewürfelten Kartoffeln und die Möhre zusammen mit dem Lorbeerblatt in die Brühe geben und etwa 40 Minuten köcheln lassen. Inzwischen Petersilie und Schnittlauch klein hacken. Nach der Kochzeit das Lorbeerblatt entfernen, Petersilie und Schnittlauch hinzugeben. Die Suppe nun pürieren und mit Salz, Pfeffer, Majoran und frisch geriebener Muskatnuss abschmecken. ▮

➤ **Dazu schmecken wahlweise Brüh- oder Mettwürste, Lachs oder Shrimps**

Im Gewürze-Paradies

Gewürze kauft der Düsseldorfer gerne im ➤ **Gewürzhaus Altstadt** in der Mertensgasse, mitten in der Altstadt gelegen. In dem urigen Tante-Emma-Lädchen gibt es neben bekannten und fremden Gewürzen aus aller Welt auch den beliebten ABB-Mostert, der gerne in ein eigens mitgebrachtes Gefäß des Kunden abgefüllt werden kann. Die Produkte sind von hervorragender Qualität und wer einen herzhaften Rat braucht, ist hier immer gut bedient.

Auf der Ratinger Straße

Biergarten auf dem Burgplatz

Kassler mit Sauerkraut

Zutaten

100 g durchwachsener Speck, geräuchert
1 EL Schweineschmalz
1 Zwiebel
500 ml Gemüsebrühe
1 Lorbeerblatt
5 Wacholderbeeren
1 kg Sauerkraut
600 g Kassler
1 große Kartoffel, mehlig kochend
Salz
Pfeffer

Zubereitung

Den Speck würfeln und im Schmalz kross anbraten. Die Zwiebel in Würfel schneiden, hinzugeben und darin goldbraun anbraten. Mit der Brühe aufgießen, Lorbeerblatt und Wacholderbeeren dazugeben. Das gewaschene und ausgedrückte Sauerkraut hinzufügen. Mit Salz und Pfeffer würzen und das Sauerkraut etwa 1 ½ Stunden köcheln lassen. Die letzten 20 Minuten Kassler auf dem Sauerkraut garen. Eine dicke Kartoffel schälen, reiben, zum Sauerkraut geben und nochmal kurz aufkochen lassen. ▮

➤ Dazu schmecken Salzkartoffeln (S. 31) oder Kartoffepüree (S. 69)

Weißwein
trocken, Chardonnay-Weißburgunder, Qualität QbA
Region Pfalz
Weingut Thomas Hensel

Krüstchengulasch

Zutaten

800 g Rindfleisch (Schulterbraten oder Oberschale)
4 EL Schmalz
400 g Zwiebeln
2 TL Paprikapulver
3 TL Tomatenmark
250 ml Rotwein, trocken
1 Knoblauchzehe
1 TL abgeriebene Zitronenschale
4–6 Röggelchen
Senf, mittelscharf
Cayennepfeffer
Salz
Pfeffer

Rotwein
trocken, Montepulciano, Qualität AOC
Region Abruzzen, Italien
Weingut Cantine Spinelli

Zubereitung

Rindfleisch mit einem scharfen Messer in Würfel schneiden und in 2 El Schmalz anbraten. In der Zwischenzeit die Zwiebeln schälen und in sehr dünne Streifen schneiden. Die angebratenen Fleischwürfel aus dem Topf nehmen, das restliche Schmalz hineingeben und die Zwiebelstreifen darin andünsten, bis sie eine goldgelbe Färbung haben. Die Fleischwürfel zugeben, Paprikapulver und Tomatenmark unterrühren, kurz schmoren lassen. Mit Rotwein ablöschen und den Bratenfond gründlich loskochen. 500 ml Wasser angießen, die geschälte Knoblauchzehe, etwas abgeriebene Zitronenschale, Cayennepfeffer und Salz hinzufügen und das Ganze 1 ½ bis 1 ¾ Stunden bei schwacher Hitze köcheln lassen, bis das Fleisch schön weich ist. Zum Schluss noch einmal mit Senf, Cayennepfeffer, frisch gemahlenem Pfeffer und Salz abschmecken. Röggelchen im Ofen kurz erhitzen und zum Krüstchengulasch servieren. ▮

Ohne scharfe Messer geht gar nichts

In der Küche sind die richtigen Messer das A und O. Wer hochwertige Schneidwaren und Bestecke sucht, ist im Fachgeschäft ➤ **Börgermann** genau richtig. Friedrich Wilhelm Börgermann gründete das Unternehmen 1847, seit 1966 wird es von Familie Zäh geleitet. Die Firmentradition wird heute von den beiden Töchtern mit Begeisterung fortgesetzt. Neben modernen und traditionellen Messern renommierter Marken findet der Interessierte hochwertige Scheren oder Echtsilber- und Edelstahlbestecke.

Auf der Ratinger Straße

Brötchen, Brot und süße Plätzchen

Der Duft frischer Brötchen, eine Auslage mit dutzenden Brotsorten, Kinder, die sich an der Thekenscheibe die Nase vor den Leckereien aller Art platt drücken – das ist Alltag in der ➤ **Bäckerei Josef Hinkel.** Und das ist eine Bäckerei mit Tradition: Bereits 1891 gründete der Urgroßvater Jean die Bäckerei Hinkel auf der Grünstraße – vor allem für seine beliebte Bruchprinte war er bekannt. Nach dem Umzug auf die Gladbacher Straße 13 machte sich Sohn Johannes 1928 mit einer Bäckerei auf der Aachener Straße selbstständig und wagte 1936 den Sprung in die Düsseldorfer Altstadt, wo er sich als Brötchenbäcker einen Namen machte. Nach einem Bombenhagel im Jahr 1942 nun auf der Mittelstraße eingemietet, übernahm 1956 Karl Josef die Bäckerei und setzte auf den Slogan „Bäckerei der Brotfreunde". Hochwertige Zutaten in Verbindung mit guter handwerklicher Verarbeitung zu einem angemessenen Preis – das war schon damals sein Credo. Als Prinz Karneval Kajo I. sorgte er 1988 für Furore. Im selben Jahr übernahm Sohn Josef die Bäckerei und eröffnete später einen weiteren Laden auf der Hohe Straße. Er bevorzugt das herzhaft, rustikal gebackene Brot, sucht oder kreiert neue Rezepte und legt auch heute noch viel Wert auf das Brotbacken als reine Handarbeit. Josef Hinkel ist Obermeister der Bäckerinnung Rhein/Ruhr und gab 2008 als Prinz Karneval Josef I. eine hervorragende Figur ab. Ob Roggen-, Schwarz- oder Weizenbrote, Stuten, Brötchen oder süße Schlemmereien – bei Hinkel ist die Auswahl groß und jeder Kunde verlässt die Bäckerei mit einem zufriedenen Gesicht.

Klein-Tokio

Düsseldorf ist mit seinem rheinländischen Frohsinn auch bei den japanischen Mitbürgern sehr beliebt. Nachdem die Landeshauptstadt zum größten wirtschaftlichen Zentrum der Japaner in Europa wurde, siedelte sich rund um das Nikko-Hotel auf der Immermannstraße eine japanische Gemeinde an. Es entstanden japanische Restaurants, Geschäfte und Supermärkte – „Klein-Tokio" war geboren.

Japanisches Gulasch Niku Yaga

Zutaten

4 Kartoffeln, fest kochend
2 Möhren
1 Zwiebel
2 EL Öl
250 g Rindergulasch
100 ml Sake
2 EL Sojasoße
2 EL Zucker
1 TL Salz

Zubereitung

Kartoffeln, Möhren und Zwiebel schälen und klein schneiden. Etwas Öl auf mittlerer Hitze erwärmen und das Fleisch darin anbraten. Anschließend das Gemüse hinzugeben und weitere 3 Minuten anbraten. Mit 250 ml Wasser ablöschen. Nun Sake, Sojasoße, Zucker und Salz dazugeben und aufkochen lassen. Bei niedriger Hitze etwa 1 ½ bis 2 Stunden köcheln lassen. ▮

Rosé
halbtrocken, Pinot Noir, Qualität AOC
Region Elsass, Frankreich
Weingut Lucien Albrecht

Japan is(s)t scharf und süß

Die japanisch traditionelle Bäckerei ➤ **Bakery My Heart** mitten in Düsseldorf verkauft feine japanische Backwaren wie zum Beispiel „Curry Pan" (würziges, frittiertes Mürbchen gefüllt mit Currygemüse), Kuchenstücke, Brötchen und viele weitere süße oder herzhafte Spezialitäten. Hell und freundlich eingerichtet lädt das Ladenlokal auch zum Probieren eines japanischen Softdrinks oder eines Kaffees ein.

Einkaufen auf Asiatisch

Im asiatischen Supermarkt ➤ **Dae-Yang** oder **Shochiku** (Fotos) gibt es neben japanischen und koreanischen Spezialitäten auch jede Menge andere regionale Lebensmittel und Haushaltswaren. Angefangen bei bekannten Dingen wie Reis oder Nudeln, findet der asiatisch-interessierte Kunde verschiedene Arten von Kimchi – einem koreanischen Salat – und von Mochi, dahinter verbirgt sich ein japanischer Reiskuchen, um nur einige wenige der zahlreichen Produkte zu nennen. Wer auch zu Hause stilvoll asiatisch essen möchte, kann sich hier mit Wok, Chopsticks, Sushigeschirr und Reisschalen eindecken.

Japan erleben

Japanische Lebensart begegnet dem Düsseldorfer auch im Ekô-Haus in Niederkassel oder im Nordpark im Stadtteil Stockum. Besonders beliebt ist der alljährlich stattfindende Japan-Tag, den Düsseldorf zu Ehren seiner japanischen Mitbürger veranstaltet.

Neben einer aufwendigen Bühnenshow können fernöstliche Kunstfertigkeiten wie Origami, Ikebana und Kalligraphie bewundert oder auch selbst ausprobiert werden. Zudem werden japanische Sportarten wie Sumo, Judo und Karate demonstriert. Zum krönenden Abschluss zünden Pyrotechniker aus Fernost ein gewaltiges Feuerwerk, das nicht nur die Augen der jungen Besucher funkeln lässt.

Tee als Zeremonie

In der ➤ **Shennong Tee Lounge** wird in angenehm entspannter Atmosphäre Tee zelebriert. Bevor man seine Wahl trifft, können in der Auslage scheinbar unendlich viele Teesorten beschnuppert und begutachtet werden. Nach sorgsamer Zubereitung wird der Tee in stilechten japanischen Guss- oder Tonkännchen und Porzellantassen serviert. Ist die Kanne leer, kann ein zweiter Aufguss kostenfrei geordert werden. Verlockend sind auch die leckeren handgefertigten Pralinen und hausgemachten Kuchen.

Japan-Tag

Ekô-Haus

Nordpark

Japanisches Feuerwerk

Flaniermeile am Rhein

Eine positive Neuerung erfuhr das direkte Umfeld der Altstadt Ende 1993: Die vierspurige Rheinuferstraße wurde in einen Tunnel verlegt und der neu geschaffene Bereich in eine Promenade zum Flanieren und Verweilen verwandelt. Inzwischen bietet sie zahlreichen Veranstaltungen wie der Langen Tafel zu Mittsommer jährlich Platz. Dann können Einheimische und Besucher die Schlemmereien umliegender Kochstände genießen oder Künstlern jeder Couleur bei ihren Programmen zusehen. Tagsüber zeigen Kunsthandwerker ihr Können und handeln mit ihren Erzeugnissen.

Düsselschlösschen, St. Lambertus und Schlossturm um 1930

Rheinpromenade

Ein typisch rheinländisches Gericht ist „Himmel un Ähd", dessen Name – obwohl die Vermutung naheliegt – keinen religiösen Ursprung hat, sondern den Zutaten zu verdanken ist: Die am Baum hängenden Äpfel symbolisieren den Himmel, die auf dem Feld wachsenden Kartoffeln die Erde. Beides zusammen in Verbindung mit gebratener Blutwurst ist eine Sünde wert.

Himmel un Ähd

Zutaten

1 kg Kartoffeln, fest kochend
1 kg Äpfel, säuerlich
4 Zwiebeln
500 g Blutwurst
Zucker
1 EL Zitronensaft
50 g Butter
250 ml Milch
2 EL Pflanzenfett
Muskatnuss
Salz
Pfeffer

Zubereitung

Kartoffeln waschen, schälen und klein schneiden. Äpfel schälen, vierteln und entkernen. Zwiebeln schälen und in Scheiben schneiden. Blutwurst in Scheiben schneiden.
Die Kartoffeln in Salzwasser zum Kochen bringen und bei mittlerer Hitze etwa 20 Minuten köcheln lassen.
Äpfel mit 2 EL Zucker, Zitronensaft und 125 ml Wasser etwa 15 Minuten garen, bis die Äpfel zerfallen.
Die Kartoffeln abgießen, kurz abdämpfen und durch eine Kartoffelpresse drücken. Die Butter nach und nach unterrühren und mit Salz, Pfeffer und Muskat würzen. Milch erhitzen und unter Rühren hinzugeben, bis die gewünschte Konsistenz erreicht ist. Kartoffelpüree und Apfelmus zusammen in einen Kochtopf geben, mit dem Schneebesen durchrühren und zum Kochen bringen. Mit Salz und Zucker abschmecken.
Das Fett erhitzen und die Blutwurst darin von beiden Seiten anbraten, die Zwiebelringe zugeben und goldbraun rösten. Danach Himmel un Ähd zusammen mit der Blutwurst auf einem Teller anrichten. ▮

➤ **Kartoffelpüree erhält durch je 1 EL Schnittlauch, Petersilie und Thymian eine frische Note. Oder probieren Sie mal ein Möhren-Kartoffelpüree: 400 g Möhren in Scheiben schneiden und in 250 ml Fleischbrühe garen. Danach pürieren, mit Salz und Pfeffer würzen und mit dem Kartoffelpüree aus 600 g Kartoffeln verrühren.**

Das Düsseldorfer Senflädchen: Hier ist der Senf zu Hause

In dem sehenswerten Senfladen mit Museum – seit seiner Eröffnung im Jahr 2004 auf der Berger Straße im Herzen der Altstadt gelegen – kommt der Senfliebhaber ganz auf seine Kosten: Neben ausgewählten Produkten von Löwensenf sind dort auch die Senfspezialitäten der beiden traditionsreichen Düsseldorfer Senfmarken ABB und Radschläger zu finden. Exklusiv für den Senfladen entwickelte Kreationen wie Chili-, Curry- oder der beliebte Altbiersenf dürfen vor Ort verkostet werden; anhand von Exponaten, Originalmustern, Schautafeln und Ausstellungsstücken erfährt der Besucher alles Wissenswerte rund um das Thema Senf.

Die Geschichte des Senfs begann in Düsseldorf bereits im 18. Jahrhundert: Seit 1726 wird der ABB-Mostert hier produziert und ist damit wohl die älteste Senfmarke Düsseldorfs. Unter dem Namen „ABB", der sich aus den Initialen des Firmengründers Adam Bernhard Bergrath ableitet, wurde der „aechte Düsseldorfer Mostert" schnell über Deutschlands Grenzen hinaus bekannt. Die Bezeichnung „Düsseldorfer Senf" ist übrigens nach wie vor ein Qualitätsprädikat und darf nur von Herstellern aus der Rheinmetropole verwendet werden. Mit Vincent van Goghs „Stillleben mit Steingut, Flaschen und Schachtel" von 1884 ging ABB, den es immer noch in den urigen grau-blauen Steinguttöpfen zu kaufen gibt, sogar in die Kunstgeschichte ein.

1830 kam dann eine weitere Senfsorte dazu: Die Traditionsmarke „Radschläger" brachte einen Senf auf den Markt, der den Düsseldorfer bis in die 1980er-Jahre hinein munden sollte.

Im 20. Jahrhundert, nämlich im Jahr 1918, kündigte sich eine kleine Revolution an: Otto und Frieda Frenzel brachten das Dijon-Verfahren, das für besonders feinen Senf stand, nach Düsseldorf – ausgerechnet in die deutsche Senfmetropole, wo bereits 1726 die erste deutsche Senffabrik gegründet wurde! Mithilfe des besonderen Mahlverfahrens schuf das Ehepaar Frenzel 1920 den ersten Löwensenf, der wie gewohnt scharf, dabei aber hell und von besonders feiner Konsistenz war. Als Markenzeichen wählten die Firmengründer – in Anlehnung an den Bergischen Löwen im Düsseldorfer Stadtwappen – den König der Tiere. Auch mit der rot-weißen Farbgebung verliehen sie ihrer Verbundenheit zur Heimat Ausdruck.

Heute gibt es neben der extra scharfen Version viele andere Geschmacksrichtungen des Düsseldorfer Löwensenfs: Die Palette reicht von Löwensenf medium und mittelscharf über süße Senfe mit Feige, Aprikose, Birne oder Mango bis hin zu Weißwein-, Altbier- oder Bärlauchsenf. Und auch die Traditionsmarke Radschläger wurde mit der Rezeptur von 1830 für das Senflädchen wieder neu aufgelegt. Wie gesagt – da ist für jeden Geschmack etwas dabei.

Curry-Senf-Geschnetzeltes

Zutaten

250 g Champignons
1 Stange Lauch
2 EL Öl
600 g Schweinegeschnetzeltes
200 ml Sahne
20 ml Brühe
250 g Reis
3 EL Löwensenf, medium
Salz
Curry
bunter Pfeffer
heller Soßenbinder
Schnittlauch zum Garnieren

Zubereitung

Champignons putzen und in Scheiben schneiden. Lauch putzen, halbieren, gründlich waschen und in halbe Ringe schneiden. Öl in einer Pfanne erhitzen und Schweinegeschnetzeltes anbraten. Champignons und Lauch zugeben und kurz mitdünsten. Sahne und Brühe zugeben und etwa 10 Minuten garen lassen. Reis nach Packungsanweisung zubereiten. Löwensenf unter das Geschnetzelte rühren, mit Salz, Curry und buntem Pfeffer abschmecken und mit hellem Soßenbinder andicken. Geschnetzeltes mit Reis und mit Schnittlauch garniert servieren. ▮

Senfrahmsüppchen

Zutaten

2 große Zwiebeln
2 EL Pflanzenfett
3 EL Mehl
4 EL Senf, fein
2 EL Senf, grob und süß
500 ml Sahne
400 ml Milch
75 ml Weißwein, trocken
1 Bund Schnittlauch
Salz
Pfeffer

Zubereitung

Die Zwiebeln in feine Würfel geschnitten goldgelb im heißen Pflanzenfett dünsten. Mit dem Mehl bestäuben. Senf und Sahne dazu geben und mit Milch und Wein auffüllen. Mit wenig Salz und viel frisch gemahlenem Pfeffer würzen. Mindestens 3 Minuten unter Rühren aufkochen lassen. Am Schluss großzügig mit dem fein geschnittenen Schnittlauch bestreuen. ▮

➤ **Dazu schmeckt Baguette oder Bauernbrot**

Düsseldorfer Senfrostbraten mit Bratkartoffeln

Zutaten

750 g Kartoffeln, fest kochend
4 kleine Zwiebeln
4 EL Senf
4 Rumpsteaks à 200 g, abgehangen
40 g Butterschmalz
75 g mittelalter Gouda
2 EL Pflanzenfett
Salz
Pfeffer

Zubereitung

Kartoffeln waschen und in Salzwasser zum Kochen bringen. Bei mittlerer Hitze etwa 25 Minuten köcheln lassen, dann abgießen und kurz im Topf abdämpfen. Kartoffeln pellen und in Scheiben schneiden.
Zwei Zwiebeln schälen, in feine Würfel schneiden und mit dem Senf vermischen. Die dünn geklopften, gesalzenen und gepfefferten Rumpsteaks auf einer Seite dick mit der Senfmasse bestreichen. Butterschmalz in einer Pfanne erhitzen – der Pfannenboden muss reichlich bedeckt sein – und gleichzeitig den Backofen auf 220 °C vorheizen. Die Rumpsteaks in die heiße Pfanne geben und auf der bestrichenen Seite bei starker Hitze 1 Minute anbraten.
Dann vorsichtig wenden und noch 2 Minuten bräunen. Das Fleisch aus der Pfanne nehmen und über die Senfseite etwas Gouda reiben. Anschließend im Backofen bei 220 °C etwa 4 Minuten überbacken. In der Zwischenzeit die restlichen zwei Zwiebeln schälen, klein schneiden und das Pflanzenfett in der Pfanne erhitzen. Kartoffelscheiben bei mittlerer Hitze etwa 8 bis 10 Minuten braten, dann Zwiebeln dazugeben, bis sie goldgelb sind. Mit Salz und Pfeffer würzen. Die Senfsteaks aus dem Ofen nehmen und mit den Bratkartoffeln auf einem Teller anrichten. ▮

Rotwein
trocken, Merlot, Qualität Vin de Pays
Region Südfrankreich
Weingut Domaine Caude Val

Rosé
trocken, Cuvée Saigner, Qualität QbA
Region Pfalz
Weingut Markus Schneider

Der Rheinische Sauerbraten gehört seit Langem zu den Leib- und Magengerichten der Düsseldorfer.
Aber warum eigentlich Rheinischer Sauerbraten? Das rohe Fleisch für den geschmorten Braten wird mehrere Tage lang in eine Marinade eingelegt, bis es ganz zart ist. So verfährt aber zur Haltbarmachung nicht nur der Rheinländer, sondern auch der Badener, Schwabe, Franke oder Westfale mit seinem Sauerbraten. Typisch rheinisch hingegen ist die süßsaure Soße, die ihren Geschmack der Beigabe von Rosinen und anderen Süßungsmitteln wie Apfelkraut, Johannisbeergelee und Kräuterprinten verdankt.

Rheinischer Sauerbraten

Zutaten

700 ml Rotweinessig
7 Nelken
2 EL Senfkörner
1 EL Pfefferkörner
5 Lorbeerblätter
2 große Zwiebeln
1 Bund Suppengemüse
1 kg Rinderbraten
2 EL Pflanzenfett
3 EL Rübenkraut
3 EL Apfelkraut
1 Tasse Rosinen
4 Kräuterprinten
Salz
Pfeffer

Zubereitung

Rotweinessig, 700 ml Wasser, Nelken, Senfkörner, Pfefferkörner und Lorbeerblätter in einen großen Topf geben. Die Zwiebeln in Ringe schneiden und ebenfalls hinzufügen. Das Suppengemüse waschen und klein schneiden, ebenfalls in den Topf geben. Nun das ganze etwa 5 Minuten aufkochen und danach abkühlen lassen. Das Fleisch abwaschen, trocken tupfen und zusammen mit dem Sud in einen Keramiktopf oder eine Glasschüssel geben. Mit Frischhaltefolie abgedeckt im Kühlschrank 3 Tage ziehen lassen. Nach etwa 1 ½ Tagen das Fleisch im Topf wenden.
Nach 3 Tagen das Fleisch aus dem Gefäß nehmen. Den Sud durch ein Sieb geben und die Essigbeize für die Soße auffangen.
Nun in einem großen Bratentopf das Fett stark erhitzen und das Fleisch darin scharf anbraten. Wenn der Braten eine schöne braune Oberfläche hat, mehrmals mit der Essigbeize übergießen, sodass eine dunkle Soße entsteht. Nun den Braten bei niedriger Temperatur schmoren lassen. Nach und nach Rübenkraut, das Apfelkraut, die Rosinen und die Kräuterprinten zugeben. Der Braten sollte insgesamt 2 Stunden schmoren.
Zuletzt den Braten in Scheiben schneiden und mit der Soße anrichten. ■

➤ **Dazu schmecken Rotkohl und Kartoffelklöße (S. 81)**

Sauerbraten mit Stern

Beliebt ist auch das ➤ **Weinblütenfest**, das jährlich Mitte Juni auf dem Kaiserswerther Markt stattfindet: Nicht nur Weinkenner und Feinschmecker freuen sich dann, mit Sterne- oder sternverdächtigen Köchen und Winzern ihr Wissen auszutauschen und allerlei Leckereien probieren zu können. Außerdem kommen die Besucher auch an anderen Ständen, die Kaffee, Essig und Öle, Schnaps oder ähnliches bieten, voll auf ihre Kosten. Erfunden hat das Fest übrigens Sternekoch Jean-Claude Bourgueil. Mit seinem ➤ **Restaurant Im Schiffchen** am Kaiserswerther Markt eher für hervorragende französische Küche bekannt, präsentiert er auf dem Weinblütenfest gerne seinen rheinischen Sauerbraten, der für alle Genießer ein unbedingtes Muss ist.

Rübenkraut ist wohlvertraut

Da erwachen Kindheitserinnerungen: Rübenkraut schmeckte schon immer auf Brot mit Quark und auch auf dem Pillekuchen ist es nicht wegzudenken. Der eigentlich Zuckerrübensirup genannte Brotaufstrich besteht aus dem konzentrierten Saft erntefrischer Zuckerrüben ohne deren Pflanzenfasern und sonstige Zusätze. Hergestellt wird der goldbraune Saft während der Rübenernte zwischen Mitte September und Mitte Dezember, der sogenannten Kampagne. Dabei werden die Rüben klein geschnitten, gekocht, gepresst und der gewonnene Saft eingedickt. In Deutschland werden etwa 500.000 ha Fläche für den Zuckerrübenanbau genutzt. Überwiegend als Brotaufstrich verwendet, bietet der Sirup darüber hinaus vielfältige Anwendungsmöglichkeiten beim Kochen und Backen, beispielsweise zum Süßen der Soße oder als Zusatz zum Brotteig. Zudem enthält Rübenkraut einen hohen Anteil an Mineralstoffen und wird in der Pharmaindustrie als Zusatz von Hustensäften und Erkältungsbonbons gebraucht.

Pillekuchen

Zutaten

1,5 kg Kartoffeln, fest kochend
2 Zwiebeln
250 g durchwachsener Speck
2 Eier
3 EL Mehl
Muskatnuss
Salz
weißer Pfeffer
Mineralwasser
3 EL Pflanzenöl
4 EL Rübenkraut

Zubereitung

Kartoffeln waschen, schälen, dann in feine Stifte schneiden. Die Zwiebeln ebenfalls schälen, klein hacken und zu den Kartoffelstiften geben. Den Speck in dünne Streifen schneiden, in einer Pfanne goldbraun rösten und auch zu den Kartoffeln geben. Die Eier verquirlen, mit dem Mehl unter das Kartoffelgemisch heben und alles gut miteinander vermengen. Die Masse mit geriebener Muskatnuss, Salz und Pfeffer abschmecken. Nun Mineralwasser hinzugeben, bis der Teig zwar noch fest, aber etwas geschmeidiger ist. Das Öl in einer Pfanne erhitzen und den Kartoffelteig hineinfüllen. Von beiden Seiten goldbraun rösten. Heiß auf einem großen Teller mit je 1 EL Rübenkraut servieren. ▮

Der Rathausplatz in den 1930er-Jahren

Et Kabüffke

Der Killepitsch – Düsseldorfs bekanntester Kräuterschnaps

Der Düsseldorfer Killepitsch ist nicht nur in der Landeshauptstadt selbst, sondern auch im ganzen Rheinland bekannt und beliebt. Die Idee dazu soll im Zweiten Weltkrieg während der Luftangriffe auf Düsseldorf geboren worden sein. Zwei Freunde, der Likörhersteller Peter Busch und der Heimatdichter Hans Müller-Schlösser, suchten im Bunker vor dem Bombardement Zuflucht. Da sagte Peter zu Hans: „Ech sach dech bloß ens Hans, koome meer he heil erus, dat se ons nit kille, dann brau ech dech ö Schabäuke, do kannste de Zong noh lecke, dann dommer eene pitsche on dä kannste dann von mech us ‚Killepitsch' nenne!" 1955 war es dann so weit: Die kleine Probierstube „Et Kabüffke" wurde auf der Flinger Straße eröffnet und gleichzeitig wurde der neue Düsseldorfer Kräuterlikör vorgestellt: der Killepitsch. Der süß-bittere Schnaps hat 42 % und besteht aus Alkohol, Zucker, verschiedenen Beerensorten, Kräutern und heimischen Wurzeln; er hat eine dunkle Farbe und sollte am besten eiskalt serviert werden.

Die Düsseldorfer haben von jeher gern einen gehoben, und wer ein echter Düsseldorfer ist, hat noch nie ins Glas gespuckt.
(aus: Hans Müller-Schlösser, Die Stadt an der Düssel)

Ich geh' mit meiner Laterne ...

Auch in Düsseldorf ist der Sankt-Martins-Umzug etwas Besonderes: Bunte Lichter, leuchtende Kinderaugen und der heilige Martin auf seinem weißen Pferd bezaubern jedes Jahr wieder aufs Neue. Mit ihren selbstgebastelten Laternen ziehen Kinder mit ihren Eltern alljährlich im November durch die Stadt und erleben vor dem Rathaus, wie Ritter Martin, der später Bischof von Tours wird, mit einem frierenden Bettler seinen Mantel teilt. Danach geht's zum Gripschen in die umliegenden Viertel, wo an den Haustüren ein Sankt-Martins-Lied zum Besten gegeben wird, was von den Bewohnern oder Geschäftsinhabern mit Nüssen, Mandarinen, Schokolade und manchmal auch einem Weckmann belohnt wird.

Der Rathausturm

Weckmann Zint Mätes

Zutaten (für 1 Weckmann)

500 g Mehl
100 g Zucker
1 Pck. Trockenhefe
90 g Butter
250 ml Milch
1 Eigelb
Mandeln

Zubereitung

Mehl, Zucker, Trockenhefe in einer Schüssel vermischen und die Butter in kleinen Stücken dazugeben. Ofen auf 50 °C vorheizen. Milch leicht erwärmen, dann über das Mehlgemisch geben und verkneten. Etwa 10 Minuten lang rühren, bis sich der Teig vom Rand der Schüssel löst. Die Schüssel in den vorgeheizten Ofen stellen. Nach 30 Minuten ist der Teig aufgegangen. Nun den Weckmann formen und mit Eigelb bestreichen. Als Augen und Knöpfe Mandeln in den Teig drücken. Anschließend bei 180 °C 20 Minuten im Ofen backen. ▮

Der Rathausplatz in den 1930er-Jahren

Wie die Martinsgans nach Düsseldorf kam

Im 17. Jahrhundert, zu Kurfürst Jan Wellems Zeiten, war es noch üblich, dass die Bauern der Umgebung ihre Steuern in Naturalien abgaben. Unter anderem war der Tag des heiligen Martins Stichtag. Bis dahin mästeten die abgabepflichtigen Bauern eine Gans und begaben sich mit dieser unter dem Arm an die Tür der Schlossküche – die Düsseldorfer Martinsgans hielt Einzug.

an-Wellem-Reiterstandbild auf dem Rathausplatz

Martinsgans mit Rotkohl und Kartoffelklößen

Zutaten

Für die Gans:

1 Gans à 3–4 kg, küchenfertig
2 TL Salz
1 TL Pfeffer
500 g Maronen
1 kg Äpfel, z. B. Boskop
2 Schalotten
1 Bund Petersilie
1 Messerspitze Paprika, edelsüß
2 Möhren
2–3 Lorbeerblätter
6–8 Wacholderbeeren
Soßenbinder
Salz
Pfeffer

Für den Rotkohl:

1 kg Rotkohl
2 Zwiebeln
1 EL Gänseschmalz
125 ml Rotwein
2 Pimentkörner
4 Nelken
1 Apfel
Salz

Für die Kartoffelklöße:

1 kg Kartoffeln, mehlig kochend
150 g Mehl
2 Eier
1 Scheibe Weißbrot
1 TL Butter
Muskatnuss
Salz

Rotwein
trocken, Black Print Cuvée, Qualität QbA
Region Pfalz
Weingut Markus Schneider

Zubereitung

Die Gans gründlich waschen, abtrocknen und mit Salz und Pfeffer einreiben. Maronen einritzen und 10 Minuten kochen, dann Schale und Haut abziehen. Die Äpfel schälen, entkernen und vierteln. Eine der Schalotten schälen und klein schneiden. Mit der gehackten Petersilie anschwitzen, mit Paprikapulver würzen und mit den Maronen und Apfelstücken mischen. Mit dieser Masse die Gans füllen und die Öffnung mit Küchengarn zunähen. Die zweite Schalotte und die Möhren schälen und würfeln. Etwas Wasser mit 1 TL Salz, Schalotte, Möhren, Lorbeerblättern und Wacholderbeeren mischen und in einen Bräter geben. Die Gans ebenfalls hineinlegen und 2 ½ Stunden im Backofen bei 200 °C braten. Dabei nach und nach 500 ml Wasser angießen und die Gans immer wieder mit der heißen Sud-Flüssigkeit übergießen.

Den Rotkohl in feine Streifen schneiden. Zwiebeln schälen und würfeln. Gänseschmalz erhitzen und Zwiebeln darin glasig werden lassen. Den Rotkohl dazugeben, mit Rotwein auffüllen und mit Pimentkörnern, Salz, Nelken und zerkleinertem und entkerntem Apfel 60 Minuten lang dünsten. Die geschälten Kartoffeln 20 Minuten in Salzwasser garen lassen, abgießen und abdämpfen. Durch eine Kartoffelpresse drücken, mit Mehl, Eiern, Salz und frisch geriebener Muskatnuss vermengen. Den Teig auf Mehl ausrollen, zu einer etwa 5 cm dicken Rolle formen und in gleich große Stücke zerteilen; daraus Nester formen. Weißbrot würfeln, in Butter anrösten und in die Mitte der Nester legen, diese zu Klößen formen. Das Wasser mit etwas Salz erhitzen, die Klöße hineingeben und bei geringer Hitze 20 Minuten ziehen lassen.

Nach der Garzeit die Gans herausnehmen und den Bratenfond durchsieben. Die Flüssigkeit mit Soßenbinder etwas andicken und noch einmal mit Salz und Pfeffer abschmecken. ∎

Dä Zoch kütt!

Wenn man in Düsseldorf dem Leibhaftigen begegnet oder eine Piratenschar ins Schiffchen einkehrt, kann das nur eins bedeuten: Es ist wieder Karneval! Dann wird verkleidet, geschminkt, gebützt, geschäkert und getrunken – aber keine Sorge: Am Aschermittwoch ist alles vorbei.
Karnevalsumzüge gibt es seit dem 19. Jahrhundert, allerdings wurden diese noch von Privatleuten organisiert, was nicht immer von Erfolg gekrönt war: So ist aus einschlägigen Karnevalszeitungen zu entnehmen, dass es 1906 keinen Umzug gab. Möglicherweise hatte das mit der Lustbarkeitssteuer zu tun, die im selben Jahr erhoben wurde: Für jede öffentlich getragene Maske musste der Besitzer einen Erlaubnisschein in Höhe von fünfzig Pfennig erwerben. Die fünfte Jahreszeit beginnt am 11.11. um 11.11 Uhr, ab dann heißt es wieder „Düsseldorf Helau!". Etwa 75 Karnevalsvereine sorgen dafür, dass der „Hoppeditz" rechtzeitig erwacht, am Aschermittwoch wieder stilvoll beerdigt wird, und dass Weiberfastnacht und Rosenmontag neben Veedelszöchen, Tuntenlauf und Böse-Buben-Ball die Höhepunkte der Session werden. Die bis zu 80 Karnevalswagen des Rosenmontagsumzug sind mit frechen, meist provokanten Motiven geschmückt und kennen kaum Tabus. Um die sieben Kilometer ist die Zugstrecke lang und etwa 40 Tonnen Kamelle kommen jedes Jahr unters Düsseldorfer Narrenvolk.

Haus des Karnevals

Jeck mit Tradition

Düsseldorfs ganzjähriges karnevalistisches Hauptquartier ist gleich hinter dem Düsseldorfer Rathaus, in einem liebevoll restaurierten, historischen Gebäude aus dem Jahr 1632 zu finden. Hier hat nicht nur das Comitee Düsseldorfer Carneval e. V. - kurz „CC" genannt - seinen Sitz, sondern auch das ➤ **Haus des Karnevals.** Wertvolle Ornate, Roben und Fotos der Prinzenpaare, Vereinsmützen und zahlreiche Orden vermitteln dem Besucher ein lebhaftes Bild der Düsseldorfer Sessionen der letzten drei Jahrzehnte. Besonders interessant und bei den Besuchern beliebt sind die Skizzen und Entwürfe der Düsseldorfer Wagenbauer, die sich jedes Jahr aufs Neue übertreffen, wenn sie auf den Karnevalswagen provokant bewegende Themen des vergangenen Jahres zeigen. Außerhalb der Geschäftszeiten können sich größere Gruppen oder Vereine für Sonderführungen an das Comitee wenden.

Rennen mit der Tonne

Tulpensonntag ist der Tag des Straßen- und Stadtteilkarnevals. Ein besonderes Highlight ist das ➤ **Niederkasseler Tonnenrennen:** Hier laufen Jecke und weniger Jecke aller Generationen mit einer Tonne auf der Schubkarre vor sich um die Wette - und das schon seit über hundert Jahren. Beginn ist 14.30 Uhr auf der Niederkasselerstraße.

Alles für die jecken Tage

Vom Indianer bis zur Geisha wird bei ➤ **Jeck Jedöns** und ➤ **Jeckes Lädchen** - angefangen vom Kostüm bis hin zum kleinsten Accessoire - an alles gedacht, was das Narrenherz begehrt. Außerdem sind das ganze Jahr über original Düsseldorfer Souvenirs im Angebot: Postkarten, Biergläser, Spiele, Poster, Bücher und, und, und ...

Krapfen

Zutaten

3 Eier
120 g Zucker
1 Prise Salz
500 g Mehl
1 Pck. Backpulver
1 cl Rosenwasser
1 TL Zimt
250 ml Milch
1 kg Schweine- oder Butterschmalz
Zimt
Zucker

Zubereitung

Die Eier trennen und das Eigelb mit dem Zucker und dem Salz schaumig rühren. Das Mehl mit dem Backpulver vermischen und mit der Eigelbmasse, Rosenwasser, Zimt und Milch zu einem dickflüssigen Teig verrühren. Das Eiweiß zu steifem Schnee schlagen, zur Teigmasse hinzufügen und unterheben. Das Schmalz in einer Pfanne erhitzen. Mit einem Löffel vom Teig kleine Teile abstechen, anschließend im heißen Schmalz etwa 4 Minuten rundherum goldbraun backen.

Die Kugeln herausnehmen, abtropfen lassen und mit Zimt und Zucker bestreut noch warm servieren. ▮

Mutzen

Zutaten

60 g Butter
50 g Zucker
1 Ei
2 EL Rum
250 g Mehl
5 EL Milch
1 Prise Salz
Mehl
750 g Schweineschmalz
75 g Puderzucker

Zubereitung

Butter in einem Topf zerlassen. Zucker, Ei und Rum unterschlagen. Mehl in eine Schüssel geben und mit Milch und Salz in die flüssige Butter-Zucker-Masse hineingeben und vermischen. Anschließend den Teig etwa 3 mm dick auf der bemehlten Arbeitsplatte ausrollen.

Mit einem Teigrädchen in etwa 14 cm große Tropfen schneiden. Schweineschmalz in einem großen Topf erhitzen. Das Fett ist heiß genug, wenn sich an einem Holzlöffel kleine Bläschen bilden. Teigstücke etwa 5 Minuten goldbraun backen. Die Mutzen mit dem Schaumlöffel herausnehmen und abtropfen lassen. Mit Puderzucker bestäuben. ▮

Der Düsseldorfer Radschläger

Düsseldorfs bekannteste Stadtfigur ist der Radschläger. Eine der Legenden um diese Figur rankt sich um die Hochzeit der Markgräfin Jacobe von Baden mit Johann Wilhelm im Jahr 1585, bei der an der Hochzeitskutsche ein Rad gebrochen sei. Um das drohende Unglück abzuwehren, sei ein Junge zur Kutsche gesprungen, soll seinen Daumen in die Radnabe gesteckt und so das Rad festgehalten haben. So sei er zum lebenden Kutschrad geworden. Heute sieht man sie nur noch selten, die Kinder mit den meist schmutzigen Händen, auf denen sie kunstvoll auf der Kö oder in den Altstadtgassen das Rad schlagen, um sie dann herausfordernd auszustrecken und zu sagen: „Eene Penning, dann schlonn ech et Rad." Wer die Pänz heute noch Rad schlagen sehen will, muss schon zum alljährlich stattfindenden Radschlägerwettbewerb gehen. Der findet zumeist im Juni an der Unteren Rheinwerft statt. Begegnen kann man dem Düsseldorfer Radschläger als Wahrzeichen noch überall: bei den Juwelieren in Gold und Silber, in Konditoreien in Marzipan, aus Schokolade als Tortenkrönung oder auch als Düsseldorfer Souvenir am Schlüsselanhänger. An dieses heimische Brauchtum erinnert zudem der große Radschlägerbrunnen auf dem Burgplatz. Die Inschrift am Beckenrand stammt vom Düsseldorfer Heimatdichter Hans Müller-Schlösser und lautet: „Radschläger wolle mer bliewe, wie jeck et de Minsche och driewe."

Radschlägerbrunnen auf dem Burgplatz

Radschläger-Plätzchen

Zutaten (für 3 Bleche)

500 g Mehl
2 TL Backpulver
250 g Butter
250 g Zucker
1 Vanilleschote
3 Eigelb
3 EL Milch
½ Zitrone, gepresst
1 Prise Salz
Mehl

Zubereitung

Mehl und Backpulver in eine Schüssel geben und vermischen. Butter, Zucker, Mark aus der Vanilleschote, Eigelb, 1 EL Milch, den Zitronensaft und Salz dazugeben und gut vermengen. Den Mürbeteig etwa 1 Stunde im Kühlschrank ruhen lassen. Danach den Teig auf einer bemehlten Arbeitsfläche ausrollen (etwa 2–3 mm dick) und mit den Radschläger-Förmchen Plätzchen ausstechen. Plätzchen auf ein Blech mit Backpapier legen und mit 2 EL Milch bestreichen.
Bei etwa 180 °C ca. 10 Minuten im Ofen backen.

Straße Altestadt

Apfelsorbet

Zutaten

120 g Zucker
125 ml Apfelsaft
750 g aromatische Äpfel
1 Zitrone, gepresst
4 cl Calvados
1 Eiweiß
Puderzucker zum Bestäuben
frische Minze zum Garnieren

Zubereitung

Zucker und Apfelsaft mischen und kurz aufkochen lassen. Äpfel schälen, halbieren, entkernen und klein schneiden. In der Zuckermasse weich kochen, bis sie zerfallen. Die Masse durch ein Sieb passieren, mit Zitronensaft und Calvados abschmecken. Eiweiß halb steif schlagen und unterziehen. In einer Metallform unter gelegentlichem Rühren im Tiefkühlfach gefrieren lassen. Mit einem Esslöffel Nocken abstechen, mit Puderzucker bestäubt und mit Minzblättchen garniert servieren. ▮

Geselliges Beisammensein im Garten des Malkastens um 1948

Küche und Kunst – eine gesellige Verbindung

Wer es als Nachtisch gerne süß mag und ein ganz besonderes Dessert probieren möchte, ist im ➤ **Malkasten** richtig: Hier werden hausgemachte Fruchtsorbets tagesfrisch hergestellt – jede Sorte ist für sich ein Genuss.

Der Malkasten ist auch sonst immer einen Besuch wert: Neben Restaurant und stylischer Bar warten wechselnde Kunstobjekte auf den Besucher und im Sommer laden Park und Biergarten zum Verweilen ein.

Gegründet wurde der Künstlerverein Malkasten bereits 1848. Damals wurde in den Statuten festgelegt, dass er als „Verein für geselliges Künstlerleben" aus einer heterogenen Mitgliederschaft bestehen soll und „keinen anderen Zweck hat, als Interessen der Kunst und Künstler zu besprechen und zu fördern und sich gesellig zu unterhalten". Nach dem Erwerb des Wohnsitzes des Philosophen Friedrich Heinrich Jacobi konnte das neue Vereinshaus im Frühjahr 1857 eingeweiht werden. Der Garten mit seinen historischen Gebäuden, dem Düsselbach und Venusteich bot zudem genug Raum für Künstlerfeste und andere Veranstaltungen.

Künstlerisch geht es auch auf der Straße Altestadt (Foto links), in der Nähe der Kunstakademie, zu: Das Licht-Ingenieurbüro Rabe hat das historische Altstadthaus Nummer 6 dem Baustil entsprechend mit 44 LED-Lampen in Szene gesetzt.

Treten Sie ein, sonst verhungern
und verdursten wir beide!
(Schild über einer Düsseldorfer Wirtshaustür)

„Zum Schlüssel" an der Bolkerstraße um 1930

IN DER HAUSBRAUEREI

Köbes, Brauch & Gastlichkeit – der Treffpunkt Nummer 1

Blank gescheuerte Tische, weiß-blaue Kacheln an den Wänden, ein Duft nach Gebratenem und frischem Altbier liegt in der Luft – wo lässt es sich herzlicher genießen als in den Düsseldorfer Hausbrauereien?
Hier treffen sich Junge und Alte, Handfeste und Feingeistige, Einheimische und Gäste seit eh und je, palavern, trinken, essen und fühlen sich wohl in der vertraut urigen Atmosphäre. In Düsseldorf gibt es vier Hausbrauereien, alle in der Altstadt gelegen, wovon jede ihre eingeschworene Fangemeinde hat: Füchschen, Schlüssel, Schumacher und Uerige. Alle brauen ihr Bier noch selbst und bringen es neben überwiegend deftigen, aber inzwischen auch leichten Speisen an den Gast.

Das Altbier – macht seinem Namen Ehre

Altbier wird nach alter Art, also obergärig, gebraut – daher auch der Name.
Das Untergärige, das später überall in Deutschland getrunken wurde, war lange Zeit das „Neu-Bier". In den meisten Wirtschaften gab es seinerzeit beide Biere im Ausschank, das „neue" und das „alte" Bier. Als obergäriges Bier hat das Alt eine lange Tradition: 1516 legte Herzog Wilhelm IV. das Reinheitsgebot fest, nach dem Altbier gebraut werden sollte. Lediglich Malz, Hopfen, Hefe und Wasser wurden verwendet, sonstige Zusätze waren und sind tabu.
Heute gehört das Altbier im Rheinland zu den populärsten Getränken. Wer Pils oder Export gewöhnt ist, muss sich allerdings umstellen: Das dunkel-bernsteinfarbene Altbier hat meist etwas weniger Kohlensäure, aber dafür einen sahnigeren Schaum. Es schmeckt herzhaft, rustikal bitter und aromatisch (was vom vielen Hopfen kommt) – eben ein echtes Vollbier. An Alkohol bringt es das Bier auf bis zu 4,9 Prozent, die Stammwürze beträgt bis 12 Prozent. Der Gärprozess findet bei einer höheren Temperatur statt als bei einem untergärigen Bier, denn zurzeit der Entwicklung von Altbier gab es noch keine technische Kühlung. Als diese Möglichkeit Ende des 19. Jahrhunderts entwickelt wurde, verbreitete sich endlich auch die untergärige Brauweise, da keine aufwendigen Eiskeller mehr benötigt wurden, um die notwendigen tiefen Temperaturen während des Brauprozesses zu erhalten. Die dunkle Farbe des Alts rührt von einem höheren Anteil „Darrmalz" her, bei dessen Herstellung durch Röstung Farbstoffe entstehen. Genießen sollte man sein Alt mit einer Temperatur von 8 °C bis 10 °C.

Ein Blick hinter die Kulissen
Gerne zeigen Ihnen die Hausbrauereien die Räumlichkeiten und Anlagen, in denen das Altbier gebraut wird.
So erfahren Sie detailliert alles über Rohstoffe, Brauprozess, Kühlung, Lagerung und Abfüllung. Bei Interesse an einer ➤ **Brauereiführung** wenden Sie sich einfach an das favorisierte Brauhaus.

Das besondere Altbier
wurde früher heimlich von Mönchen gebraut – es enthält ein Volumenprozent Alkohol mehr als die normalen etwa fünf Prozent. Das ➤ **Latzen-Bier** vom Schumacher oder das ➤ **Stike Alt** vom Schlüssel schmecken etwas würziger, und werden selten angeboten – dann aber immer verbunden mit einem Event. In der Brauerei Schumacher gibt es nur am 3. Donnerstag im März, September und November Latzen-Bier. In der Brauerei Zum Schlüssel wird das Stike Alt traditionell in der Fastenzeit Ende März und im Herbst ausgeschenkt.

Blick hinter die Kulissen in der Brauerei Im Füchschen

Alte Tracht der Köbesse

Der Köbes

Kö|bes, der; Kellner, der in Düsseldorf, Köln, Krefeld, Bonn und Umgebung in Brauhäusern Bier serviert. Traditionell trägt er eine blaue Schürze aus Leinen mit einer umgeschnallten ledernen Bauchtasche. Der Köbes – trotz fortschreitender Emanzipation immer noch ein Männer-Beruf – ist unverzichtbarer Bestandteil der rheinischen Brauhauskultur. Seine eigensinnige und ruppige Art des Servierens ist einmalig: Wenn das Bierglas leer ist, wird der Gast unverzüglich mit einem neuen versorgt – und das so lange, bis der Gast betrunken unter dem Tisch oder der Bierdeckel sicher auf dem Glas liegt. Übrigens: Eine Einladung des Gastes zu einem Alt schlägt selten ein Köbes aus. Alkoholfreie Getränke indes werden nur ungern zur Kenntnis genommen. Bei der Bestellung eines Wassers kommt schon mal die Frage auf: „Willste auch en Handtuch un Seife dazu?“

Rheinische Tapas

Diese leckeren Bierhappen bringt der Köbes, wenn Sie nur ein „kleenes Höngerchen" verspüren oder noch etwas essen möchten, obwohl die Küche schon geschlossen ist:

- **1 Röggelchen mit Mainzer („Halver Hahn")**
- **1 Röggelchen mit Flönz (Blutwurst) und Ölk (Zwiebeln)**
- **½ Brötchen mit frischem Mett oder Tartar und Ölk**

Kurz und gut: Das Altbierglas

So charakteristisch wie die Düsseldorfer Spezialität Altbier an sich ist, so unverwechselbar ist auch das Altbierglas. Jede Brauerei besitzt Altbiergläser mit ihrem Wappen, die unter Sammlern sehr begehrt sind. Und wie das helle Kölsch in seine „Kölschstange" gehört, so ist das Altbier ohne sein Altbierglas nicht auszudenken. Mit einem Fassungsvermögen von 0,2 Litern passen sich die Gläser perfekt dem Altbier an: Da es obergärig gebraut wird, würde das Altbier in größeren Gläsern schnell schal werden.

Brauerei Im Füchschen

Nach dem Motto „Frisch. Frech. Fröhlich. Füchschen" zieht die Brauerei auf der Ratinger Straße vor allem junge Leute an. Besonders mittwochabends und am Wochenende, wenn im Sommer die Straße vom Studentenvolk und anderen Junggebliebenen bevölkert ist, ist hier der Fuchs los.

Bereits 1640 existierte auf der Ratinger Straße eine Brauerei, die zwar nicht den Namen „Füchschen" trug, aber damals schon beliebter Treffpunkt für „allerlei Bürgersleut" war. Nachweislich wird dort seit 1848 das herbfrische Alt im Zeichen des Fuchses gebraut, der die Hausfassade anstelle einer Hausnummer zierte.

1908 kaufte Theodor König zusammen mit seiner Frau Louise das Brauhaus und machte das Wahrzeichen zum Namensgeber: Die „Brauerei im Füchschen" war geboren. Doch sechs Jahre später brach der Erste Weltkrieg aus. Die Wiedereröffnung 1930 erlebte Theodor König nicht mehr und das Traditionshaus wurde eine Zeitlang von der Erbengemeinschaft Gebrüder König weitergeführt. Schon sechs Jahre später wurde Deutschland erneut von Kriegsvorbereitungen erfasst und von der Bombardierung Düsseldorfs blieb auch das Füchschen nicht verschont. 1950 nahm Peter „Pitter" König zusammen mit seiner Ehefrau Johanna die Gastronomie wieder auf und machte das Füchschen zum Treffpunkt Prominenter aus Kultur und Wirtschaft: Gustaf Gründgens nahm hier sein Bierchen ebenso wie Konzernchef Flick oder Josef Beuys. Als Baas Peter 1972 verstarb, führte seine Frau Johanna mit Sohn Peter, der schon im Hinblick auf die Nachfolge gelernte Brau- und Metzgermeister, die Geschäfte weiter. In der vierten Generation ist es wieder ein „Pitter", nämlich Peter König jr., der seit 1995 die Geschicke des Hauses lenkt. Er hat die Privatbrauerei einer Verjüngungskur unterzogen: Die Brauanlagen wurden modernisiert, deftige Speisen durch leichtere Gerichte ergänzt und der Veranstaltungskalender mit neuen Events gefüllt.

Altbiersuppe

Zutaten

4 Scheiben Toast
Butter
600 ml Altbier
1 Stange Zimt
1 Zitrone, unbehandelt
4 Eigelb
85 g Zucker
300 ml Sahne

Zubereitung

Den Toast ohne Rinde würfeln und in der Butter knusprig anbraten. Das Altbier mit Zimtstange und abgeriebener Zitronenschale erhitzen, aber nicht kochen lassen. Eigelb mit Zucker und Sahne im sehr heißen Wasserbad schaumig rühren, dann das gesiebte heiße Bier unter ständigem Rühren dazugeben. In Suppentassen füllen, die Croutons darauf streuen und servieren. ■

Die Altbiersuppe kann auf eine lange Tradition zurückblicken. Dieses Rezept stammt aus dem Jahr 1711:

Nimm 1 Schoppen Bier, 1/4 Schoppen Wein, thue es zusame in eine Pfanne und schaeume es unterm kochen wohl, hernach schlage 3 Eierdotter auf einen Teller, und thue ein paar Loeffel voll Rahm dazu, schuette ein wenig Bruehe aus der Pfanne drauf, und ruehre es durcheinander, und schuette es wiederum hinein, hernach roeste ein wenig wuerflich geschnittenen Weck wohl in Butter, und thue ihn hienein, und lass ihn mit aufkochen, thue auch ein wenig Zimmet und kleine Rosinen hienein, und ein wenig Zucker. Als dann richte es an.

Altbier-Happen im Teigmantel

Zutaten

Für den Altbier-Happen:
150 g Mehl
½ TL Salz
8 EL Altbier
2 Eier
40 g Butter
500 g verschiedene Gemüsestücke und -stifte
(z. B. Blumenkohl, Champignons, Kohlrabi, Zucchini)
1 l Frittierfett

Für den Joghurt-Kräuter-Dip:
120 g Quark
120 g Natur-Joghurt
60 g Crème fraîche
2 Knoblauchzehen
1 kleine Zwiebel
1 EL Zitronensaft
3 EL gemischte Kräuter
Salz
Pfeffer

Zubereitung

Das Mehl, Salz und Bier zu einem glatten Teig verrühren. Die Eier trennen und das Eiweiß separat aufbewahren. Das Eigelb unter den Vorteig mischen. Nun sollte der Bierteig ca. 15 Minuten ruhen.

In der Zwischenzeit Quark, Joghurt und Crème fraîche vermischen. Den geschälten Knoblauch zerkleinern und mit der gehackten Zwiebel unterheben. Zitronensaft und Kräuter dazugeben und mit Salz und Pfeffer abschmecken. Eiweiß steif schlagen und die Butter bei geringer Temperatur erwärmen, bis sie sich verflüssigt hat. Die ausgelassene Butter mit dem Teig verrühren und das steife Eiweiß vorsichtig unter den Bierteig heben. Ausgewählte Gemüsestücke waschen, ggf. schälen, in kleine Stücke schneiden und durch den Teig ziehen. Einige Minuten frittieren, bis der Happen goldgelb ist. Herausnehmen, abtropfen lassen – und mit dem Joghurt-Kräuter-Dip schmecken lassen. ∎

Das rheinische Grundgesetz

Auch beim Kochen geht nicht immer alles ganz glatt: Wenn sich das heiße Fett in eine Stichflamme verwandelt, die Bratkartoffeln wie Kohleeier aussehen oder die widerspenstige Keule des Gänsebratens auf dem Schoß der Schwiegermutter landet ... ist das noch lange kein Grund, den Kopf hängen zu lassen – besonders nicht für einen Rheinländer! Für solche Fälle gibt es seit je her das Rheinische Grundgesetz, das, vermutet man, mindestens so alt ist wie die Zehn Gebote:

Artikel 1
Et es wie et es.
Sieh den Tatsachen ins Auge!

Artikel 2
Et kütt wie et kütt.
Habe keine Angst vor der Zukunft!

Artikel 3
Et hätt noch emmer joot jejange.
Lerne aus der Vergangenheit!

Artikel 4
Wat fott es, es fott.
Jammere den Dingen nicht nach!

Artikel 5
Et bliew nix wie et wor.
Sei offen für Neuerungen!

Artikel 6
Kenne mer nit, bruuche mer nit, fott domett.
Sei kritisch, wenn Neuerungen überhandnehmen!

Artikel 7
Wat wellste maache?
Füge dich in dein Schicksal!

Artikel 8
Maach et joot, äwwer nit ze off!
Achte auf deine Gesundheit!

Artikel 9
Wat soll dä Quatsch?
Stelle immer zuerst die Universalfrage!

Artikel 10
Drenkste eene met?
Komme dem Gebot der Gastfreundschaft nach!

Artikel 11
Do laachste dich kapott!
Bewahre dir eine gesunde Einstellung zum Humor!

Notstandsgesetz
Falls Artikel 3 einmal nicht zutreffen sollte:
Et hätt noch schlimmer kumme künne.
Es ist noch glimpflich abgelaufen.

Wohlstandsgesetz
Mer muss och jönne könne!
Sei weder neidisch noch missgünstig!

Brauerei Schumacher

Wer sich im Schumacher noch nicht den einzigartig leckeren Pillekuchen zu Gemüte geführt hat, sollte das unbedingt nachholen. Zwischen Holzvertäfelungen, Delfter Kacheln, riesigen Ölgemälden und immensen Blumengestecken lässt es sich der Düsseldorfer, Tourist oder Zugereiste an blank gescheuerten Holztischen mit dem typischen ABB-Senftöpfchen darauf gerne schmecken.
Bereits seit 1871 ist Schumacher auf der Oststraße ansässig, damals geführt von Ferdinand Schumacher. Sohn Fritz übernahm 1902 die elterliche Brauerei und der zweite Sohn Ferdinand kaufte die Bierbrauerei und Gaststätte Im Goldenen Kessel auf der Bolkerstraße, die ebenfalls noch heute existiert. 1919 erwarb Ferdinand II. von seinem Bruder Fritz die Brauerei an der Oststraße, stellte den Braubetrieb in der Altstadt ein und verpachtete Den Goldenen Kessel als Brauereiausschank an Josef Schnitzler. Durch Bombenangriffe im Zweiten Weltkrieg teils zerstört, wurden Stammhaus und Goldener Kessel in den 1940er-Jahren nach und nach wieder aufgebaut.
1955 verkaufte Ferdinand II. das Unternehmen an seinen Neffen, den Braumeister Hans Schnitzler, und dessen Ehefrau Thea. Nach dem Tod von Thea Schnitzler im Jahr 1991 (Hans Schnitzler verstarb bereits 1966) übernahm Gertrud Schnitzler-Ungermann die Brauerei. Unter ihrer Leitung wurde das Stammhaus auf der Oststraße 1997 kernsaniert, wobei das Ursprüngliche erhalten blieb: So wurden alle Holzvertäfelungen und Balken ausgebaut, restauriert und wieder eingebaut – und vielleicht haben schon unsere Großväter unter denselben Balken ihr Altbier bestellt wie wir heute.

Altbier-Fleisch-Terrine

Zutaten

4 Möhren
2 Stangen Lauch
1 Zwiebel
1 Knoblauchzehe
2 EL Butterschmalz
800 g Rindergulasch
Kümmel, gemahlen
500 ml Altbier
300 g Kartoffeln, fest kochend
3 Zweige Thymian
1 EL Rotweinessig
1 TL Zucker
100 g Sellerie
2 EL Butterschmalz
Salz
Pfeffer

Zubereitung

Möhren, Lauch, Zwiebel und Knoblauch putzen und würfeln. In einem Schmortopf Butterschmalz erhitzen und Gulasch darin kräftig anbraten. Zwiebel und Knoblauch zufügen und auf mittlerer Temperatur kurz mitbraten. Möhren und Lauch zufügen und unter das Gulasch mischen. Mit Pfeffer, Salz und Kümmel würzen. Altbier angießen und einen Deckel auflegen.
Bierfleisch auf mittlerer Temperatur etwa 45 Minuten schmoren lassen. Kartoffeln schälen und würfeln. Kartoffelwürfel und Thymianzweige zum Bierfleisch geben und weitere 30 Minuten schmoren lassen. Danach die Thymianzweige entfernen und das Bierfleisch mit Rotweinessig und Zucker würzen. Sellerie schälen und klein schneiden. In einer Pfanne Butterschmalz erhitzen. Selleriewürfel darin kurz anbraten, abtropfen lassen und vor dem Servieren zum Bierfleisch geben. ∎

Altbierbraten mit Kartoffelspalten

Zutaten

Für den Altbierbraten:

1 kg Schweinebraten aus der Schulter
Butterschmalz
200 g durchwachsener Speck
500 g Zwiebeln
2 Flaschen Altbier
Thymian
Salz
Pfeffer

Für die Kartoffelspalten:

8 Kartoffeln, fest kochend
1 Knoblauchzehe
2 EL Sonnenblumenöl
3 TL grobes Salz
3 EL Semmelbrösel

Zubereitung

Den Braten salzen und kräftig mit Pfeffer einreiben. In etwas Butterschmalz scharf anbraten und den Speck sowie die in Streifen geschnittenen Zwiebeln dazugeben. Wenn Speck und Zwiebeln glasig angebraten sind, mit dem Altbier angießen, etwas Thymian dazugeben, zudecken und den Braten ca. 1 Stunde auf dem Herd bei mittlerer Hitze schmoren lassen.

Den Ofen auf 200 °C vorheizen. Den Bräter unten in den Ofen stellen und den Braten darüber auf einen Rost legen. Etwa 45 Minuten braten und dabei regelmäßig übergießen. Im Bräter sollten noch ca. 500 ml Soße übrig bleiben.

Die gewaschenen und in Spalten geschnittenen Kartoffeln in eine Schüssel geben. Mit dem klein geschnittenen Knoblauch, dem Sonnenblumenöl und dem Salz mischen. Semmelbrösel dazugeben und nun die Spalten auf ein mit Backpapier ausgelegtes Blech legen. Im vorgeheizten Ofen bei 210 °C ca. 25 Minuten backen. ▮

➤ **Dazu schmeckt Rotkohl (S. 81)**

Die Schneider-Wibbel-Gasse

Die Schneider-Wibbel-Gasse 5 in der Altstadt ist eine Sehenswürdigkeit. Der Schneider Wibbel zeigt sich fünf Mal am Tag (11, 13, 15, 18 und 21 Uhr) in einem Glockenspiel der Fassade und näht und näht und näht ...

Müller-Schlössers Roman „Schneider Wibbel" beruht auf einer wahren Begebenheit, die sich zurzeit König Friedrich Wilhelm IV. in Berlin ereignete. Der Autor verlegte die Handlung kurzerhand an den Rhein und erschuf den Schneidermeister Anton Wibbel, der eigentlich wegen Majestätsbeleidigung ins Gefängnis gehen sollte. Doch der überredete seinen Gesellen, sich für ihn einsperren zu lassen. Soweit ein guter Plan, allerdings verstarb der Geselle im Gefängnis und der Meister wurde für tot gehalten. Den Leichenzug durch die Stadt beobachtete der noch sehr lebendige Anton Wibbel zusammen mit seiner Frau Fin vom Fenster aus:

„Wat bin ich eine schöne Leich'! Ich werd' begraben
mit Kreuz und Fahnen und sogar mit Musik!
Hättst du dat von mir gedacht, Fin?"

(aus: Hans Müller-Schlösser, Schneider Wibbel)

Uerige

Uerige

Hausbrauerei Uerige

Wenn Touristen an einem schönen Sommertag einen Rundgang durch die Düsseldorfer Altstadt machen, sich Rathaus, Reiterstandbild und Glockenspiel ansehen, wundern sich nicht wenige, wenn sie plötzlich auf eine große Menschenmasse treffen, die die ganze Straße Richtung Rhein bevölkert. Ein großes Event? Gibt's hier was umsonst? Nicht ganz – das ist eher ein ganz normaler Tag beim Uerige. Fans stehen oder sitzen gerne an Tischen, lassen sich ihr Alt, einen Halven Hahn oder die Erbsensuppe schmecken und plaudern mit ihren Freunden und Sitznachbarn über Gott und die Welt. Sehen und gesehen werden – das ist nicht nur auf der Kö von Bedeutung.

1862 erwarb der Gastwirt und Bierbrauer Wilhelm Cürten das Weinlokal Bergischer Hof und machte daraus eine Brauerei.

Als der „uerige Willem" (der schlecht gelaunte Wilhelm) 1886 verstarb, übernahm sein Sohn Max die Brauerei und sorgte für den nötigen technischen Fortschritt. Nach dessen Tod ging der Uerige durch mehrere Hände bis er schließlich im Zweiten Weltkrieg völlig zerstört wurde. Rudolf Arnold baute den Uerige wieder auf, eröffnete in seiner 40-jährigen Ära 1951 „Neweaan", die „Handwerkerstube" und 1974 das „Brauhaus". Nach seinem Tod übernahmen Christa und Josef Schnitzler den Uerige und renovierten die Brauerei von Grund auf. Sohn Michael führt den Uerige heute noch und schenkt neben „dem leckeren Dröppke" auch die beiden Edeldestillate „Stickum" und „Stickum plus" in einem modernen Erweiterungsbau aus.

Wie kommt das Sol-Ei vom Teller in den Mund?

Das Sol-Ei ist wieder populär in rheinischen Gaststätten. Und natürlich gibt es auch im Uerige die in Wasser, mit Salz und Kümmel gekochten und etliche Tage gelagerten Eier. Sie waren schon früher ein beliebter Happen zum Bier. Wenn bei Knobelrunden die Bierlagen nicht mehr zu bewältigen waren, wurde oft genug mal um eine Runde Sol-Eier geknobelt. Inzwischen sind die Gaumen der Jung-Düsseldorfer neugierig geworden. Sol-Eier werden bestellt – und dann?

So ein richtiger Köbes weiß ja, was dazu gehört: Die Menage mit Essig, Öl, Salz und Pfeffer, dazu Düsseldorfer Mostert. Was aber fängt der „Neu-Sol-Eirer" damit an? Essig und Öl auf das Ei in Schale? – Verschwendung. Senf drauf? – Fiese Schmiererei. Also das Ei pellen. Wie aber das glatte runde Ding mit den Zutaten in den Mund bringen?

Das geht so: Ei pellen, schön mitten durch das Gelb halbieren, das Gelb herausheben, die Vertiefung mit je einem Tropfen Öl und Essig, mit einem Löffelspitzchen Mostert, nach Geschmack mit Salz und Pfeffer würzen, das halbe Eigelb vorsichtig darauf legen, das halbe Ei, ohne Essig und Öl zu vertropfen, zwischen die Lippen schieben und genießen. (Anleitung vom Uerige)

Haxen, Panhas und mehr …
gibt es in der ➤ **Metzgerei Helmut Schlösser.** Die Metzgerei ist seit ihrer Gründung 1902 eine feste Institution in Düsseldorf und bietet alles, was sich um Wurst- und Fleischspezialitäten dreht. Dazu gibt's Diverses für den kleinen Hunger zwischendurch und der angeschlossene Partyservice sorgt für ein geschmacklich rundes Fest zu Hause. Hervorragende Qualität und freundliche Beratung inklusive.

Hausbrauerei Zum Schlüssel

Etwas versteckt, direkt an der Neanderkirche, liegt der lauschige Biergarten der Hausbrauerei Zum Schlüssel, dessen Sitzplätze im Sommer besonders begehrt sind. Wer will, genießt den Platz in der Sonne, sonst bieten Bäume und Schirme die nötige Abschattung. Das Stammhaus ist direkt gegenüber, für den stetigen Austausch von leeren gegen volle Altbiergläser ist also gesorgt. 1632 wurde erstmals eins der beiden Häuser auf der Bolkerstraße mit dem klangvollen Namen „Zu den drei Königen" erwähnt, damals im Besitz von Johann von Monheim.
1850 wurde von Jakob Schwenger eine Brauerei und Bäckerei in den Gebäuden errichtet, denn den Bäckern war es damals als einziger Berufssparte vorbehalten, mit Hefe zu arbeiten und ein „flüssiges Brot" anzubieten. Die Gebäude wurden später vereinigt und gingen in den Besitz des Brauers Josef Aders über. In dieser Zeit erschien auch zum ersten Mal die Bezeichnung „Zum Schlüssel" als Name für die Brauerei. Damit wurde an den mittelalterlichen Brauch angeknüpft, der vorsah, die Schlüssel der Stadttore in nahegelegenen Gasthäusern aufzubewahren. 1936 übernahm schließlich der Brauereibesitzer Karl Gatzweiler mit seiner Frau Maria und seinen beiden Söhnen Simon und Jakob den Schlüssel. Seitdem ist die Hausbrauerei Zum Schlüssel im Familienbesitz. Brauhistorisch wurde eine jahrhundertealte Tradition der Familie Gatzweiler fortgesetzt: Seit 1313 war immer ein Familienzweig im Brauereiwesen tätig. 1990 wurde der Schlüssel aufwendig und vorlagengetreu umgebaut.

Altbier-Haxen mit Bratkartoffeln

Zutaten

Für die Altbier-Haxen:
4 Schweinehaxen
3 EL Öl
1 große Zwiebel
1 Möhre
100 g Sellerie
2 Lorbeerblätter
4 Nelken
1 TL Kümmel, gemahlen
250 ml Altbier
500 ml Fleischbrühe
1 EL Senf
2 EL Mehl
Salz
Pfeffer

Für die Bratkartoffeln:
800 g Kartoffeln, fest kochend
2 Zwiebeln
2 EL Pflanzenfett
Salz
Pfeffer

Zubereitung

Die Haxen mit Salz und Pfeffer würzen und in einem auf 200 °C vorgeheizten Backofen in einem Bräter mit wenig Öl garen.
In der Zwischenzeit das Gemüse in kleine Würfel schneiden. Nach 40 Minuten mit Lorbeerblättern, Nelken und Kümmel zum Fleisch geben und 10 Minuten mitbraten.
Dann mit Altbier und der Fleischbrühe ablöschen und bei 150 °C noch 1 Stunde schmoren lassen.
Die Kartoffeln waschen und in Salzwasser zum Kochen bringen. Bei mittlerer Hitze etwa 25 Minuten kochen lassen, abgießen und kurz im Topf abdämpfen. Kartoffeln pellen, in Scheiben schneiden, Zwiebeln schälen und würfeln. Das Pflanzenfett in einer Pfanne erhitzen und die Kartoffeln bei mittlerer Hitze 8 bis 10 Minuten braten, dann wenden. Nun die Zwiebeln hinzugeben und braten bis sie goldgelb sind. Mit Salz und Pfeffer abschmecken.
Die Haxen aus dem Bräter nehmen und warm halten. In den verbliebenen Bratensaft den Senf einrühren, schließlich das Mehl mit etwas Wasser vermengen, in die Soße geben und einmal kräftig aufkochen lassen, durchpassieren und über die Haxen geben. ∎

➤ **Dazu schmeckt Sauerkraut (S. 60)**

Rheinischer Panhas

Panhas, vom norddeutschen Begriff Pannharst abgeleitet – was so viel wie „gebratenes Stück Fleisch" bedeutet –, ist ein rheinisches Gericht, das früher traditionell zum Schlachtfest zubereitet wurde. Heute besteht der Panhas aus Hackfleisch, frischer Leber- und Blutwurst. Das Fleisch und die Würste werden zusammen mit Zwiebeln und Speck angebraten, mit Brühe aufgegossen und mit Piment, Salz und Pfeffer gewürzt. Anschließend wird die Mischung mit Blut und Buchweizenmehl verrührt, eingedickt und zum Erkalten in eine Form geschüttet. Die erstarrte Masse wird in Scheiben geschnitten, die in der Pfanne angebraten werden. Dazu schmecken Sauerkraut und Salzkartoffeln oder Kartoffelpüree. Heutzutage gibt es den Panhas schon fertig zubereitet in vielen familiengeführten Fleischereien.

Turm der Neanderkirche

Zander in Altbier-Honig-Soße mit Graupenrisotto

Zutaten

Für die Zanderfilets:

4 Zanderfilets
1 Zitrone, gepresst
400 ml Altbier
3 EL Honig
Mehl
Pflanzenfett
150 ml Sahne
150 g Butter
Salz
Pfeffer

Für das Graupenrisotto:

1 Tasse Gerstengraupen, fein
500 ml Gemüsebrühe
1 EL Butter
1 Schalotte
4 EL Gemüse-Brunoise aus Möhre, Kohlrabi, Kohlrabiblättern
2 EL Parmesan
Salz
Pfeffer

Zubereitung

Die Filets trocken tupfen, salzen, pfeffern und mit Zitronensaft beträufeln. Das Altbier zum Kochen bringen, Honig hinzufügen und auf ca. $\frac{1}{3}$ der Menge einkochen lassen.
Die Gerstengraupen gründlich waschen, bis das Wasser klar bleibt. Anschließend die Graupen 5 Minuten in der Gemüsebrühe kochen, dann die Herdplatte ausstellen und die Körner im geschlossenen Topf etwa 50 Minuten ziehen lassen. Anschließend die Graupen in ein Sieb geben und wieder gründlich auswaschen und abtropfen lassen.
In der Zwischenzeit die Schalotte schälen und klein schneiden. Die Möhre und den Kohlrabi putzen und sehr fein würfeln. Die Kohlrabiblätter blanchieren, trocknen und mit einem Kochmesser ebenfalls sehr fein hacken. Butter in einem Topf erhitzen und die Schalottenwürfel glasig darin anschwitzen. Die abgetropften Graupen zufügen, gut durchrühren und erhitzen. Die Möhren- und Kohlrabiwürfel sowie die klein gehackten Blätter mit dem frisch geriebenen Parmesan einrühren und alles mit Pfeffer und Salz würzen.
Den Fisch im Mehl wenden und im heißen Fett auf beiden Seiten ca. 6 bis 8 Minuten braten. Das eingekochte Altbier mit Sahne auffüllen, dann salzen und etwas pfeffern. Die kalte Butter in Stücke geschnitten unter die Soße schlagen. Dabei immer erst das nächste Stück zugeben, wenn ein Stück schon untergemischt ist.
Zum Anrichten das Risotto in die Tellermitte geben, ein Zanderfilet darauf setzen und mit der Altbier-Honig-Soße übergießen. ∎

Lammmedaillons

Zutaten

600 g Lamm (Lachs)
Muskatnuss
Thymian
1 kleine Knoblauchzehe
30 g Butter
50 g Silberzwiebeln, aus dem Glas
100 g Möhren
25 ml Altbier
Zucker
125 g Champignons
1 TL Mehl
Salz
Pfeffer

Zubereitung

Aus den Lammlachsen acht Medaillons schneiden. Mit den Gewürzen und der geschälten und klein gehackten Knoblauchzehe gut einreiben und einwirken lassen.
In einem Bräter die Butter erhitzen. Silberzwiebeln, gewürfelte Möhren, und Medaillons darin anbraten. Altbier und Zucker zugeben, etwa 15 Minuten köcheln lassen.
In Scheiben geschnittene Champignons in etwas Butter weich dünsten lassen.
Medaillons auf einer Servierplatte anrichten und mit den Silberzwiebeln, Champignons und Möhren belegen. Eventuell den Bratenfond mit Mehl etwas andicken und um die Lammmedaillons verteilen. ▮

➤ **Dazu schmecken Kartoffelspalten (S. 100)**

Altbier-Koteletts mit Pommes frites

Zutaten

4 Schweinekoteletts
1 Flasche Altbier
800 g Kartoffeln, fest kochend
750 ml Öl
Majoran
Salz
Pfeffer

Zubereitung

Die Schweinekoteletts übereinander in eine hohe Schüssel legen. So viel Bier darüber gießen, dass die Fleischstücke eben davon bedeckt sind. Schüssel verschließen und in den Kühlschrank stellen. Die Koteletts 2 bis 3 Stunden darin marinieren.
Die Kartoffeln waschen, schälen, erst in Scheiben dann in Stäbchen schneiden. Die Stäbchen nochmals waschen und trockentupfen. Öl erhitzen, portionsweise die Kartoffeln hineingeben und etwa 3 Minuten frittieren. Herausnehmen, abtropfen und abkühlen lassen. In heißem Öl die vorfrittierten Pommes frites nochmals etwa 2 Minuten backen.
Vor dem Grillen die Fleischstücke aus der Biermarinade nehmen und trocken tupfen. Anschließend mit Majoran einreiben. Von beiden Seiten in 10 bis 12 Minuten gar grillen. Dann leicht mit Salz und frisch gemahlenem Pfeffer würzen und servieren. ▮

Guten Appetit-
Bon Apetit
Bueno Apetito
Vel bekommen-
Poulardenbrust mit Salbei
und Parmaschinken, dazu
Weißweinsauce, Mangold-
-gemüse und Gnocchi € 10.9
Dessert: Apfelstrudel mit
Vanillesauce € 4,20

Altbier-Parfait mit Walnusssoße

Zutaten

Für das Altbier-Parfait:
125 g Zucker
100 ml Altbier
6 Eigelb
1 EL Rum
1 TL Vanillezucker
200 ml Sahne
50 g Puderzucker
Puderzucker zum Bestäuben

Für die Walnusssoße:
100 g Zucker
200 ml Sahne
50 g Walnüsse
2 cl Nusslikör
Minze zum Garnieren

Zubereitung

Zucker in einer Kasserolle goldgelb schmelzen und mit dem Altbier ablöschen. Solange auf dem Feuer lassen, bis sich der Zucker aufgelöst hat. Die Kasserolle vom Herd nehmen und etwas abkühlen lassen. Nun das Eigelb, den Rum und den Vanillezucker zufügen und die Masse warm aufschlagen, bis sie cremig wird. Dann in die Rührmaschine geben und 10 Minuten bei mittlerer Geschwindigkeit laufen lassen. Die Sahne schlagen und mit dem Puderzucker süßen. Die gesüßte Sahne nun unter die Altbiermasse heben. Eine Form von 750 ml Inhalt mit Klarsichtfolie auslegen und die Masse einfüllen. Über Nacht im Gefrierschrank fest werden lassen.

Zucker in einer Kasserolle schmelzen, bis er goldgelb ist. Mit der Sahne ablöschen und langsam kochen lassen, bis sich der Zucker aufgelöst hat. Dann die gehackten Walnüsse und den Nusslikör zugeben. Abkühlen lassen.

Zum Anrichten auf vier kalte Teller je 2 EL Walnusssoße geben und je 2 Scheiben vom Altbier-Parfait darauf setzen. Mit Minze garnieren und abschließend die Teller mit etwas Puderzucker bestäuben. ■

Altbier-Heidelbeer-Pfannkuchen

Zutaten

6 Eier
30 g Vanillezucker
300 g Mehl
200 ml Milch
200 ml Altbier

2 EL Pflanzenfett
700 g Heidelbeeren
4 EL Butter
1 TL Zucker
Puderzucker zum Bestäuben

Zubereitung

Die Eier und den Vanillezucker verrühren, das Mehl langsam darüber sieben und zu einer glatten Masse verarbeiten. Dann die Milch und das Altbier hinzufügen und den Teig 1 Stunde ruhen lassen. In Pflanzenfett goldbraune Pfannkuchen braten. Die Heidelbeeren kurz in der Pfanne mit Butter und Zucker anschwenken und dekorativ auf dem Pfannkuchen anrichten, mit Puderzucker bestäuben und servieren. ■

Schlösser Quartier Bohème

Mit dem Quartier Bohème (Foto oben) geht Schlösser zurück zu seinen Wurzeln, denn 1873 wurde das Schösser Alt zum ersten Mal auf der Ratinger Straße gebraut. Heute gibt sich das Stammhaus modern und begeistert mit einem Mix aus regionaler Küche und mediterranen Klassikern Jung und Alt. Und der angeschlossene Henkel-Saal rückt Veranstaltungen unterschiedlichster Couleur in das richtige Licht.

Brauerei Kürzer

Mit der Hausbrauerei Kürzer hat sich der Gastronom und Inhaber der Kultkneipen Schaukelstühlchen und Quetsche, Hans-Peter Schwemin, 2010 einen langgehegten Traum erfüllt: Er braut sein eigenes Altbier. Um das würzig schmackhafte Altbier mit einem ordentlichen Hopfenton zu produzieren, wurden das in Bayern angefertigte Sudhaus und fünf Heißwassertanks auf der Kurze Straße 18–20 aufgestellt. Nun können dort etwa 160 Gäste ihr Kürzer Alt und kleinere Speisen mit Blick auf die Produktionsanlagen genießen.

Frankenheim

Der Brauereiausschank in Pempelfort ist immer eine gute Adresse, um ein frisch gezapftes Frankenheim Alt zu trinken und dazu den beliebten rheinischen Sauerbraten zu genießen. Wer der Bierhappen überdrüssig ist und mal Lust auf etwas „Unrheinisches“ hat, ist hier genauso gut bedient, wie derjenige, der auf leichte Kost Wert legt, denn Spare Rips und verschiedene Salatvariationen stehen auch auf der Speisenkarte.

„Prost!“

Altbierbowle

Zutaten (für 6 bis 8 Gläser)

250 g Erdbeeren
60 g Zucker
2 Flaschen Altbier
2 Piccolos Sekt

Zubereitung

Für die Altbierbowle zunächst reife Erdbeeren kurz unter fließendem Wasser abspülen, trocknen und die Stielansätze entfernen. Größere Erdbeeren halbieren oder vierteln, in ein Bowlegefäß geben und mit Zucker vermischen. Zunächst 1 Flasche gut gekühltes Altbier über die Erdbeeren gießen und die Bowle fest zugedeckt ca. 1 Stunde ziehen lassen. Kurz vor dem Servieren eine zweite Flasche kaltes Altbier zugeben und mit eiskaltem Sekt aufgießen. ▮

Wer ist eigentlich dieser Köln?

Die kleine Rivalität zwischen Düsseldorf und Köln um das leckerste Bier am Rhein führte auch zu dem ein oder anderen Gerücht. So wurde von Bewohnern einer Stadt mit einem hohen Bauwerk mit zwei Türmen jahrhundertelang erzählt, dass die Bezeichnung „Altbier“ da herrühre, dass das ausgeschenkte Bier alt sei. Düsseldorfer wundern sich immer wieder über diese unsouveräne Art des Umgangs mit den lieben Nachbarn und schütteln amüsiert die Köpfe – mer muss och jünne könne – denn Alt ist das in Deutschland am weitesten verbreitete obergärige Bier. Früher war es tatsächlich fast nur in der Gegend von Düsseldorf und Köln, Krefeld und Wuppertal zu haben, doch inzwischen hat es seinen Siegeszug durch ganz Deutschland hinter sich und man kann es, in Flaschen, überall bekommen. Gebraut wird es jedoch nur am Niederrhein. Das meistverkaufte Altbier Deutschlands stellt die Brauerei Diebels in Issum her. Die älteste ununterbrochen existierende Altbierbrauerei ist die Bolten-Brauerei in Korschenbroich bei Mönchengladbach, die seit 1266 Altbier braut.

Kö-Graben

AUF DER KÖNIGSALLEE

Pracht, Prunk & Prada –
die Flaniermeile unter Kastanienbäumen

Gerade mal einen Kilometer lang und doch weltberühmt. Wer kennt sie nicht, die exklusive Düsseldorfer Flaniermeile? Nicht viele Städte haben eine so schöne und konsequente Ansammlung hochwertiger Mode-Geschäfte, edler Juweliere und exklusiver Lifestyle-Boutiquen in ihrem Portefeuille. Hier treffen sich Menschen jeder Nationalität und Hautfarbe, elegant oder lässig gekleidet, jung oder alt.

Die Geschichte einer Straße mit Kastanienbäumen und Pferdeäpfeln

Königsallee heißt diese Allee von Kastanienbäumen erst seit 1851. Vorher kannte man die Straße einfach als Kastanienallee, die außerhalb der Stadt lag und zum damaligen Bergisch-Märkischen Bahnhof führte. Doch dann kamen die Revolution, der preußische König zu Besuch und ein demonstrativer Pferdeapfel geflogen. Danach war Düsseldorf für die beleidigten Preußen lange ein No-Go. Erst Jahrzehnte später, als man die Prachtstraße nach der preußischen Majestät in Königsallee umbenannte, geruhte König Friedrich Wilhelm Düsseldorf wieder in Gnaden aufzunehmen.

Auf der Königsallee

Weincremesüppchen

Zutaten

1 Vanilleschote
5 Eigelb
2 Eier
1 Zitrone, gepresst
feiner Zucker
750 ml Riesling, halbtrocken
200 ml Sahne
8 Sternanisfrüchte

Zubereitung

Das Mark der Vanilleschote auskratzen und mit Eigelb, den beiden ganzen Eiern, Zitronensaft und 1 EL feinem Zucker verquirlen. Den Wein aufkochen und leicht sieden lassen. In feinem Strahl die Ei-Vanille-Masse unter ständigem Rühren in den Wein einfließen lassen, zuletzt schaumig aufrühren. Mit Zucker abschmecken. Den Topf vom Herd nehmen und etwas Suppenschaum mit der Sahne mischen. Kurz vor dem Servieren unterziehen und noch einmal aufschäumen. Mit je 2 Sternanisfrüchten dekorieren.

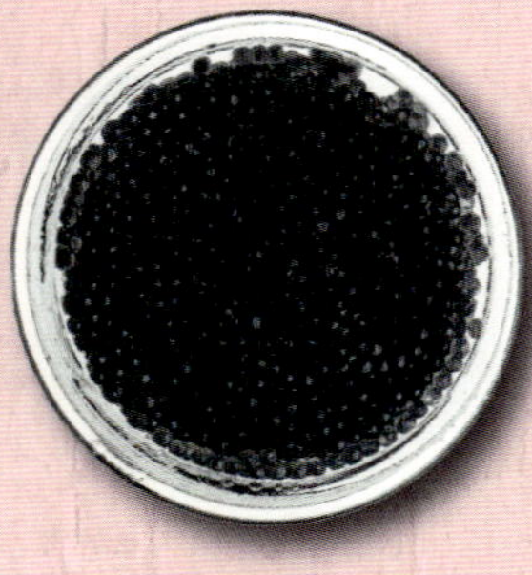

Die Qual der Kaviar-Wahl

Exklusiv, klein und fein präsentiert sich Europas erste ➤ **Kaspian Sea Caviar Boutique** in der Kesting Passage an der Kö. Angeboten werden neun verschiedene Sorten Kaviar, drei von wildem Stör aus Aserbeidschan, sechs von Zuchtfischen, zum Teil aus Russland. Die Preisspanne für 30 Gramm Baerii-Zuchtkaviar reicht von 43 bis 230 Euro für die gleiche Menge Beluga. Dazu passend gibt es Champagner aus dem Hause Bollinger und andere edle Tröpfchen. Wer das Klassisch-Russische bevorzugt, findet auch Wodka der Marke Three Sixty – nicht ganz billig: Die Spirituose ist durch Diamantenstaub gefiltert …

Beim Störkaviar unterscheidet man zwischen drei Sorten:

➤ **Beluga**

Mit 3,5 Millimetern die größten Kaviarkörner. Sie sind hellgrau bis fast schwarz, sehr prall und haben eine nur hauchdünne Haut. Der Beluga-Kaviar schmeckt sehr mild und ist der teuerste und feinste Kaviar überhaupt.

➤ **Ossietra**

Diese Körner haben einen Durchmesser von etwa 2 Millimetern. Ossietra ist etwas hartschaliger als Beluga und silbergrau bis schwarz. Diese Fischeier schmecken etwas nussig.

➤ **Sevruga**

Ebenfalls ca. 2 Millimeter im Durchmesser, aber sehr dünnschalig. Das Korn schimmert in allen möglichen Grautönen. Das Aroma ist sehr kräftig und würzig. Kenner bevorzugen deshalb diese Sorte.

Kaviar auf Linguine

Zutaten

600 g Linguine
600 ml Gemüsebrühe
3 Knoblauchzehen
5 EL Zitronensaft
5 TL abgeriebene Zitronenschale
1 Bund Basilikum
6 EL Sonnenblumenöl
200 g Crème fraîche
200 g Ossietra-Kaviar
Salz
Pfeffer

Zubereitung

Nudeln in Salzwasser bissfest garen. Gemüsebrühe, geschälten und klein geschnittenen Knoblauch, Zitronenschale und -saft sowie das Olivenöl in einen Topf geben und aufkochen lassen. Großzügig mit Salz und Pfeffer würzen. Diese Mischung zu den Linguine-Nudeln geben und alles gut verrühren. Die Crème fraîche mit Salz und Pfeffer würzen, die Basilikumblätter waschen und trocken schütteln. Einige Blätter zur Seite legen, die übrigen in Streifen schneiden und vorsichtig unter die Nudeln heben. Portion Nudeln anrichten, dazu etwas Crème fraîche sowie den Kaviar obenauf geben. Mit jeweils einem Blatt Basilikum garniert servieren. ■

Champagner
Brut, Rosé
Region Champagne, Frankreich
Weingut Bernard Remy

Champagner-Senf-Suppe

Zutaten

1 Sellerie
1 Stange Lauch
1 EL Butter
20 g Mehl
1 l Kalbsfond
1 Piccolo Champagner
2 TL Senf, mittelscharf
250 ml Sahne
2 TL Senfkörner
½ Bund Schnittlauch zum Garnieren
Salz
Pfeffer

Zubereitung

Sellerie und Lauch klein schneiden und in Butter anschwitzen, dann bemehlen. Unter kräftigem Rühren den Kalbsfond angießen und 20 Minuten bei offenem Topf köcheln lassen.
Anschließend durch ein enges Sieb passieren. Sekt, Senf und 125 ml Sahne einrühren. Die restliche Sahne steif schlagen.
Suppe mit Salz und Pfeffer abschmecken und in Teller oder Suppentassen geben. Ein Sahnehäubchen darauf geben, Senfkörner grob darüber mahlen, mit Schnittlauchröllchen bestreuen. ■

Alles vom Feinsten

Das Service passend zum Menü? Kein Problem für das Porzellanhaus ➤ **Franzen**, das bereits 1911 seine Tore auf der Königsallee öffnete. Seither zählt es zu den Spitzenanbietern für feinste Ware rund um den gedeckten Tisch; alle großen Namen der Porzellan-, Glas- und Silberbranche sind hier vertreten. Außerdem gibt es Schönes zur Küchen- und Schreibkultur, eleganten Schmuck und edles Nippwerk.

Rinderfilet in Balsamico-Soße mit Linsengemüse

Zutaten

Für das Linsengemüse:
150 g Berglinsen (Puy-Linsen)
2 Chicorée
1 rote Zwiebel
2 EL Olivenöl
6 Zweige Thymian
4 TL Limettensaft
Salz
Pfeffer

Für das Rinderfilet:
600 g Rinderfilet
1 EL Öl
4–5 EL Balsamicoessig
400 ml Rinderfond
150 g Crème fraîche
Salz
Pfeffer

Rotwein
trocken, Vino Nobile di Montepulciano
Qualität DOCG
Region Toskana, Italien
Weingut Azienda Agricola Icario

Zubereitung

Linsen gut mit Wasser bedeckt ca. 30 Minuten kochen. Chicorée putzen und klein schneiden. Zwiebel pellen und in Spalten schneiden. Öl in einem Topf erhitzen. Zwiebel darin anbraten, Chicorée und Thymian zugeben und etwa 5 Minuten schmoren lassen. Mit Salz und Pfeffer würzen und mit Limettensaft beträufeln. Warm halten, kurz vor dem Servieren die Linsen abgießen, mit Salz und Pfeffer würzen und mit dem Chicorée mischen. Rinderfilet mit Salz, Pfeffer und Öl einreiben und in einer Pfanne ringsum anbraten. Mit Essig ablöschen und den Rinderfond angießen. Zugedeckt 20 bis 25 Minuten schmoren lassen, dabei ab und zu wenden.
Rinderfilet aus dem Fond nehmen und in Alufolie gewickelt etwa 5 Minuten ruhen lassen. Crème fraîche in den Fond einrühren und 3 bis 5 Minuten einkochen lassen. Soße nochmals abschmecken. Fleisch in Scheiben schneiden und zusammen mit der Soße und dem Gemüse anrichten. ▮

Jan Wellem – der ungekrönte König von Düsseldorf

Johann Wilhelm II., Kurfürst von der Pfalz, Herzog von Jülich-Berg, Pfalzgraf zu Neuburg – in Düsseldorf liebevoll Jan Wellem genannt – erblickte 1658 im Düsseldorfer Stadtschloss das Licht des Rheinlands. 1679 trat er als Kurfürst von der Pfalz und Erztruchsess des Römischen Reiches die Jülich-Bergische Erbfolge an. Seinem Rang nach durfte er nicht nur den Kaiser mitwählen, sondern er galt auch als sein nächster Vertreter. Damit begann eine glänzende Periode in der Düsseldorfer Stadtgeschichte: Die Residenz wurde eines der kulturellen Zentren Europas. Spektakulär für Düsseldorf war Jan Wellems Förderung der Musik und der bildenden Kunst, der Bau des ersten Düsseldorfer Opernhauses und seine Sammlertätigkeit auf dem Gebiet der Schnitzereien, der Goldschmiedekunst und des gesamten Kunsthandwerks. In Düsseldorf strömten die Künstler, Musiker, Kunstgewerbler, aber auch die Gelehrten zusammen. Manch stattliches Gebäude entstand in der niederrheinischen Residenz, deren Straßenbeleuchtung sogar die des damaligen Paris übertraf. Während der Regierungszeit des Kurfürsten (bis 1716) wurden auch die ersten protestantischen Gotteshäuser erbaut: Die Kirche an der Berger Straße und die Neanderkirche an der Bolkerstraße.

Ein Originalrezept aus Jan Wellems Schlossküche ist überliefert:

Mandelbrey von Reiß
Hierzu nehme man ein viertel Pfund Reiß, stoße ihn klein, wie Grieß, hernach thue ihn in eine Schüssel, stoße fast ebenso viel Zucker, nachdem man süß liebet, thue ihn dazu, rühre es wohl untereinander, als denn schütte gute süße Milch dazu, schütte es in eine meßingene Pfanne, setze es auf Kohlen, und rühre es so lang biß es gar ist. Wenn er dick will werden, so schütte als Milch nach. Willst du ihn recht gut machen, so nim 10 biß 12 bittere Mandeln mit Rosenwasser gestoßen, von einer Citron die Schale, abgerieben an Zucker, und darein gethan. Wenn es gar ist, so schütte ihn in eine flache Blatte. Es müssen 4 Eyerdotter hineingerührt werden, wenn man ihn eben anrichten will. Laß ihn kalt werden, schneide von Papier Blumen, Stern, oder was du willst, legs auf den Brey, streue Zucker und Zimmet darauf, heb die Blumen wieder ab, so ist es fertig und wohlgerathen.

Altes neu entdecken
„Es gibt sie noch, die guten Dinge." Das ist das Motto von ➤ **Manufactum** (Foto oben). Nostalgisches, wie man es aus Omas Küche kennt, und Originelles – alles zum Anfassen und Ausprobieren – zaubern ein beseeltes Lächeln auf das Gesicht der Kunden. Hier kann man als Küchen- und Gartenliebhaber stundenlang in Raritäten stöbern und findet praktische Kleidung für Haus und Garten, schöne Wohnaccessoires und vieles mehr. Besonders zu empfehlen sind auch die je nach Wunsch belegten Sauerteigbrote (Foto rechts) mit feiner Krumme und kräftiger Kruste aus dem benachbarten Ladenlokal ➤ **Brot & Butter.** Die Tische sind hier immer besetzt – gut, dass Brot, Wurst und Käse auch einzeln zum Kauf angeboten werden.

Filet vom Reh in Beurre Vanille mit Pfifferlingsknödel auf einem Spiegel von Heidelbeeren

Zutaten (für 6 Personen)

Für das Filet vom Reh:
600 g Rehknochen, frisch ausgelöst
2 EL Butter
Puderzucker
1 Bund Suppengemüse
1 Schalotte
500 ml Rotwein
200 ml Hühner-, Rind- oder Gemüsebrühe
2 große Rehrückenfilets
Pfeffer
Salz

Für den Spiegel aus Heidelbeeren:
100 g Heidelbeeren, aus dem Glas
2 Lorbeerblätter
12 Wacholderbeeren
1 TL Pfefferkörner
1 EL Speisestärke

Für die Beurre Vanille:
2 EL Butter
1 Vanilleschote

Für die Pfifferlingsknödel:
3 EL Pfifferlinge, getrocknet
150 ml Milch
12 Scheiben Toastbrot
1 Schalotte
2 EL Petersilie, gehackt
2 EL Butter
2 Eier
2 EL Semmelbrösel

Zubereitung

Die Rehknochen mit einem Beil oder einem scharfen Messer in mehrere kleine Stücke schlagen. Den Ofen auf 250 °C vorheizen, die Knochen für 20 Minuten in den Ofen schieben, bis sie dunkelbraun geworden sind.

2 EL Butter in einem Topf schmelzen, einen Hauch Puderzucker dazugeben und karamellisieren lassen, das klein geschnittene Suppengemüse und eine fein gehackte Schalotte dazugeben und anbraten. Die angebräunten Knochen hinzugeben. Mit wenig Rotwein aufgießen und einkochen lassen. Mehrere Male langsam aufgießen, jeweils ca. 5 Minuten einkochen lassen. Erst wenn eine feste Grundsoße entstanden ist, mit so viel Brühe und Wein aufgießen, dass die Knochen bedeckt sind.

Die Heidelbeeren abgießen und aus dem Saft ca. 2 EL Sirup einkochen. Diesen Heidelbeersirup und die Hälfte der Gewürze (Lorbeerblatt, Wacholderbeeren, Pfefferkörner) dazugeben und mindestens 2 Stunden köcheln lassen. Danach die Soße abseihen und die gleichen Gewürze noch einmal hinzufügen. Noch einmal 30 Minuten köcheln lassen. Durch ein feines Tuch seihen, kalt stellen und anschließend die dünne Fettschicht vollkommen entfernen.

2 EL Butter in einer großen Pfanne erhitzen und aufschäumen lassen, 2 cm einer Vanilleschote aufschneiden die ganze Schote mit Inhalt in die Butter geben.

Die Rehrückenfilets pfeffern, in die aufgeschäumte und nussbraune Butter geben, rundherum anbraten. Eventuell mit zwei Pfannen arbeiten. Wenn das Fleisch rundherum braun ist, die Filets in der Butter in den auf 100 °C vorgeheizten Ofen stellen. Nach 30 Minuten herausnehmen, vorsichtig salzen und abdecken.

Die Soße erwärmen, mit in Wasser angerührter Speisestärke binden, die Heidelbeeren in die Soße geben, aber nicht mehr kochen.

Die getrockneten Pfifferlinge fein mahlen, Milch erhitzen und das Pulver mit der heißen Milch übergießen. Das Toastbrot in kleine Würfel schneiden. Eine fein gehackte Schalotte und 2 EL fein gehackte Petersilie in Butter kurz glasig dünsten und über das Toastbrot geben. 2 Eier darüber schlagen, die noch heiße Pfifferlingsmilch zufügen, alles vorsichtig durchrühren, nach Bedarf mit Semmelbrösel binden.

Den Teig in zwei Teile teilen und jeweils zu einem langen Schlauch in Klarsichtfolie einwickeln. Die Pakete senkrecht halten und kurz oben klopfen, damit keine Luftlöcher entstehen. Anschließend die beiden Päckchen sehr fest in zwei Schichten Alufolie einpacken und in siedend heißes Wasser legen. Nicht kochen! Dort müssen sie mindestens 20 Minuten liegen, können aber auch mehrere Stunden im Wasser bleiben und auf diese Art gut vorbereitet werden.

Die Fleischstücke nach der Zeit im Ofen mit Alufolie abdecken und ruhen lassen. Dann in Medaillons schneiden, mit der Vanillebutter beträufeln. Die Knödel in Scheiben schneiden und alles zusammen mit der Heidelbeersoße anrichten. ∎

Rotwein
trocken, Portugieser, Qualität QbA
Region Pfalz
Weingut Markus Schneider

Kurfürstliches Jagen

Als Anna Maria Luisa de Medici 1691 in Düsseldorf eintraf, fand sie einen Hof im Aufbau vor. Erst kurz zuvor war ihr Gatte Kurfürst geworden und damit ein wichtiger Herr im deutschen Reich. Überall wurde gemauert und gemalert. Und weil ein französischer Gesandter gelästert hatte, man gehe in Düsseldorf „bis über die Knöchel in Koth", erließ der Landesvater schnell eine Straßenreinigungsordnung. Außerdem investierte er in Laternen und Pflastersteine, um die Stadt ansehnlicher zu machen – was er sicherlich nicht zuletzt auch seiner Gemahlin zuliebe tat. Eine Vorliebe, bei der das Ehepaar viel Zeit zusammen verbrachte, war die Jagd. So oft es ihnen möglich war, begaben sie sich hoch zu Ross in die umliegenden Wälder und kehrten nicht selten mit einer Trophäe zurück.

Wildschweinbraten mit Rosenkohl

Zutaten

Für den Wildschweinbraten:
2 kg Wildschweinschulter ohne Knochen
2 Bund Suppengemüse
1 Zwiebel
1 Bund Thymian
750 ml Rotwein, trocken
3 EL Rotweinessig
1 TL Pfefferkörner
2 Lorbeerblätter
1 kg Tomaten
3 Schalotten
6 Knoblauchzehen
1 Bund Rosmarin
4 EL Öl
2 EL Tomatenmark
1 Bund Petersilie
Salz
weißer Pfeffer

Für den Rosenkohl:
1 kg Rosenkohl
Butter
Muskatnuss
Salz
Pfeffer

Zubereitung

Das Fleisch in eine Schüssel legen. Die Hälfte des Suppengemüses putzen; die Zwiebel abziehen und hacken; den Thymian waschen und grob zerkleinern. Klein geschnittenes Suppengemüse, Zwiebel und Thymian mit Rotwein, Essig, Pfefferkörnern und Lorbeerblättern zum Fleisch geben und über Nacht im Kühlschrank zugedeckt marinieren.
Das Fleisch aus der Marinade nehmen, trocken tupfen und mit Salz und Pfeffer einreiben. Die Marinade durch ein Sieb gießen und den Sud auffangen. Von den Tomaten Strunk und Kerne entfernen; die andere Hälfte des Suppengemüses (außer der Petersilie) würfeln. Schalotten und Knoblauch hacken. Rosmarin waschen.
Das Öl in einem Bräter erhitzen, und das Fleisch bei starker Hitze rundherum braun anbraten. Gehackten Knoblauch und Schalotten hinzugeben. Tomatenmark untermischen und kurz anrösten. Tomaten, Suppengrün und Rosmarin untermischen und eine gute Prise Pfeffer und Salz hinzugeben. Die Hälfte der Marinade zugeben, aufkochen lassen und bei schwacher Hitze ca. 2 Stunden garen. Eventuell etwas Marinade zugeben und das Fleisch hin und wieder mit dem Sud aus dem Bräter übergießen. Petersilie waschen und hacken.
Das Fleisch herausnehmen, in Scheiben schneiden und warm stellen.
Die Schmorflüssigkeit, falls nötig, bei starker Hitze dick einkochen lassen und abschmecken. Etwas Soße über das Fleisch geben (den Rest separat servieren) mit Petersilie bestreuen.
Fleckige und äußere Rosenkohlblättchen entfernen. Den Strunk etwas kürzen und Röschen hier kreuzförmig einschneiden, mehrmals waschen. Salzwasser zum Kochen bringen und Rosenkohl dazugeben. Nach etwa 5 Minuten eine Garprobe machen, wenn nötig den Rosenkohl noch etwa 3 Minuten weitergaren. Rosenkohl abgießen und abschrecken. Butter in einer Pfanne erhitzen und Rosenkohl darin schwenken, mit geriebener Muskatnuss, Salz und Pfeffer und würzen. ■

➤ **Dazu schmecken Kartoffelklöße (S. 81)**

Rotwein
trocken, Merlot/Cabernet, Qualität Supérieur
Region Bordeaux, Frankreich
Weingut Carl Wine (Château de Seguin)

Wild ganz zahm

Wer Wild will, geht zu ➤ **Münstermann Delikatessen** (Fotos rechts). Aber auch Schinken, Wurst, Rohmilchkäse, frische Salate und Suppen, ausgewählte Molkereiprodukte, feinste Konfitüren, Frischfleisch, Lamm und vieles andere hat das familiengeführte Geschäft im Angebot.

Alles begann mit einem kleinen Eierstand – 1885 eröffneten die Geschwister Dina und Wilhelm Münstermann direkt neben dem Reiterstandbild auf dem Rathausplatz einen eigenen Marktstand. 1901 übernahm Sohn Heinrich mit Frau Anna das Geschäft und sorgte für den Aufschwung. Das Stammhaus auf der Hohe Straße wurde 1921 erworben, inzwischen wurden auch Feinkostartikel verkauft. Nach dem Zweiten Weltkrieg übernahmen die Brüder Heinrich jr. und Paul das Unternehmen und eröffneten 1949 das Wild- und Geflügelgeschäft, mit dem sich Münstermann weit über die Stadtgrenzen hinaus einen guten Namen machte. 1972 wurden die Cousins Heiner und Peter Münstermann Mitinhaber, 2004 wurde der Schritt in die Gastronomie gewagt: Sohn Matthias Münstermann eröffnete im Nachbarhaus das ➤ **Kontor** (Foto oben und Mitte).

Die Königsallee in den 1920er-Jahren

Entenbrust an Risotto mit Trüffeln und Blattgold

Zutaten

2 Entenbrüste à 250 g
2 Schalotten
2 EL Öl
360 g Risottoreis
200 ml Weißwein, trocken
1,2 l Gemüsefond
100 g Parmesan
50 g weiche Butter
20 g schwarzer Trüffel
1 Blatt Blattgold à 10 x 10 cm
Salz
weißer Pfeffer

Zubereitung

Mit einem scharfen Messer die Fettseite der Entenbrüste rautenförmig einschneiden. Das Fleisch salzen und pfeffern. Die Pfanne (ohne Fett) gut erhitzen und die Brüste mit der Hautseite nach unten hineingeben. Bei mittlerer Hitze ca. 12 Minuten braten, umdrehen und weitere 8 Minuten anbraten. Das Fleisch danach fest in Alufolie wickeln und ruhen lassen.
Schalotten schälen und fein würfeln. Im heißen Öl glasig dünsten. Reis zugeben, kurz mitdünsten. Erst Wein dazugeben, unter Rühren verdampfen lassen, dann nach und nach den erhitzten Gemüsefond zugeben. Unter häufigem Rühren etwa 20 bis 30 Minuten weich und cremig garen. Mit Salz und Pfeffer abschmecken, frisch geriebenen Parmesan und Butter unterrühren.
Das Risotto neben der Entenbrust anrichten und mit gehobeltem schwarzen Trüffel und zerkleinertem Blattgold belegen (funktioniert am besten mit einer Pinzette). ▮

Rotwein
trocken, Sagnovese, Qualität Classico Reserva
Region Toskana, Italien
Weingut Cantina di Montalcino

Ente mit Minz-Couscous

Zutaten

1 Ente, küchenfertig
200 g Aprikosen, getrocknet
200 g Datteln, entsteint
½ Chilischote
300 ml Hühnerbrühe
1 Knoblauchzehe
250 g Couscous
100 ml Rotwein
½ TL gekörnte Brühe
½ Bund Minze
Kerne von einem ½ Granatapfel zum Garnieren
Salz
Pfeffer

Zubereitung

Ente waschen, Fett entfernen, trocken tupfen und auf ein Backblech legen. Backofen auf 210 °C vorheizen. Aprikosen, Datteln und die fein gehackte Chilischote mischen und die Ente damit füllen. Ente mit Salz und Pfeffer einreiben und im Ofen etwa 70 bis 80 Minuten braten. Leicht nachsalzen und alle 15 Minuten mit dem entstandenen Bratensaft begießen.
Hühnerbrühe mit dem fein gehackten Knoblauch aufkochen und mit dem Pürierstab aufschäumen. Anschließend 5 Minuten ziehen lassen. Nun den Couscous dazugeben und etwa 5 bis 10 Minuten quellen lassen.
Die Ente aus dem Backofen nehmen und 1 bis 2 EL vom entstandenen Entenfett zum Couscous geben. Couscous bei milder Hitze erneut warm werden lassen. Ente tranchieren, auf ein Blech legen und unter dem vorgeheizten Backofengrill bei 220 °C knusprig grillen. Bratensaft mit 150 ml Entenfett in einem Topf passieren, mit Rotwein und Brühe verfeinern. Couscous mit Minze, Salz und Pfeffer abschmecken. Ente mit Couscous und Soße servieren und mit Granatapfelkernen garnieren. ▮

Außergewöhnliches zum Kochen
Blattgold gibt es übrigens beim Juwelier, im Rahmen- oder Bastelgeschäft. Da die hauchfeinen Blätter, die zu 25 Blatt in einem Heft zwischen Seidenpapierschichten gebettet sind, sehr empfindlich sind, sollte behutsam damit umgegangen werden. Eine gute Adresse für Blattgold und andere exklusive Artikel ist auch der Meerbuscher Delikatessenhandel ➤ **Bos Food:** Die riesige Auswahl an hochwertigen, erlesenen Produkten aus aller Welt, wie besondere Kaffee- oder Nudelsorten, Gewürze, Spirituosen, aber auch professionelle Messer und ausgefallene Küchenhelfer überrascht sogar den kochbegeisterten Weltenbummler.

Kochen mit Anleitung
Wer neue Rezepte nicht gerne im stillen Kämmerlein ausprobiert, sondern lieber in der Gruppe unter der Anleitung von Profis kocht, ist in ➤ **Frank Petzchens Kochevents** an der richtigen Adresse. Hier bietet Petzchen regelmäßig Kochseminare an, bei denen weniger Erfahrene und alte Hasen in Sachen Rezeptzubereitung auf ihre Kosten kommen. Der Küchenbereich umfasst etwa 120 Quadratmeter; je nach Personenzahl wird in kleineren Gruppen an insgesamt drei großen Kochinseln gekocht. Nach getaner Arbeit können bis zu 60 Gäste ihre Kreationen im angeschlossenen Dining-Room genießen. Für die ausgefallene Geburtstagsfeier mit Freunden oder die Weihnachtsfeier mit Kollegen stehen die Räumlichkeiten natürlich auch zur Verfügung.

Trüffel und Torten mit Tradition

Die Erfolgsgeschichte der ➤ **Konditorei Heinemann** begann am 1. Oktober 1932 mit einem kleinen Ladenlokal auf der Bismarckstraße in Mönchengladbach: Konditormeister Hermann Heinemann stand in der Backstube und Ehefrau Johanna im Laden. Das Credo des Meisters war: „Verwendet nur die besten Zutaten: frischeste Butter, erste Sahne und feinste Kakaobohnen. Bloß keine Konservierungsstoffe, sonst gibt's Ärger!" Das nahm sich auch Sohn Heinz-Richard zu Herzen, der das Unternehmen als eidgenössisch diplomierter Konditor- und Confiseur-Meister weiterführt. Inzwischen beglückt Heinemann auch die Düsseldorfer, Krefelder, Duisburger, Neusser und sogar die Münchener mit seinen süßen Kreationen. Besonders beliebt sind die Champagne-Trüffel – und das ist kein Wunder: Sie wurden vom Club Croquers de Chocolat du Japon aus etwa 57.000 Pralinen zu den weltbesten Champagne-Trüffeln gekürt.

Weiße Champagnermousse

Zutaten

3 Eier
75 g Zucker
3 TL Vanillezucker
3 TL abgeriebene Zitronenschale
4 Blatt helle Gelatine
2 Gläser Champagner
Gebäck zum Garnieren

Zubereitung

Eier, Zucker, Vanillezucker und abgeriebene Zitronenschale im heißen Wasserbad schaumig schlagen. Gelatine im kalten Wasser einweichen, ausdrücken und unter den warmen Eierschaum schlagen. Etwa eine ½ Stunde lang kalt stellen. Bevor die Creme zu stocken beginnt, 2 Gläser Champagner untermischen. Dann die Creme in bauchige Schalen oder Gläser abfüllen und mit etwas Gebäck garnieren. ■

Champagner
Brut, Blanc de Blanc, Qualität Gran Cru
Region Champagne, Frankreich
Weingut Bernard Remy

Was ist ein Kö-Diamant?

Seit über hundert Jahren gibt es die ➤ **Otto Bittner Confiserie-Conditorei** in Düsseldorf, das weit über die Stadtgrenzen hinaus für seine hervorragende Qualität und traditionelle Conditorei-Vielfalt bekannt ist. Ausgesuchte Düsseldorfer Spezialitäten wie die unschlagbaren schwarzen *Kö-Diamanten* – eine Pralinen-Pasteten-Kugel, gerollt in frisch gebrannten Haselnüssen und umhüllt mit Zartbitterschokolade – lassen sogar Schokoladenverächter dahinschmelzen. Diese Spezialität verschickt Otto Bittner in fünf Kontinente, denn der Kö-Diamant hat Liebhaber auf der ganzen Welt.

Kö-Diamant mit Vanilleeis auf Himbeerspiegel

Zutaten

200 g Himbeeren
80 g Zucker
1 Pck. Vanillezucker
Puderzucker zum Garnieren
4 Kö-Diamanten
500 ml Vanilleeis
Minze zum Garnieren

Zubereitung

Die Himbeeren pürieren und durch ein Sieb streichen. Zucker und Vanillezucker aufkochen, das Himbeerpüree dazugeben für etwa 5 Minuten kochen lassen.

Einen Teller mit Puderzucker bestreuen, die Kö-Diamanten halbieren und gegenüber auf dem Teller drapieren, das Kleeblatt mit zwei Kugeln Vanilleeis komplettieren. Nun die warme Himbeersoße darüber gießen und das Ganze mit frischer Minze verzieren. ■

Schloss Benrath

Königlicher Exkurs: Schloss Benrath mit Kräutergarten und Konzerten

1666 wurde das alte Schloss Benrath im Auftrag des Pfalzgrafen Philipp Wilhelm als Jagdschloss erbaut. Kurfürst Karl Theodor hat dann von 1755 bis 1773 unter der Leitung von Nicolas de Pigage ein neues Schloss errichten lassen, da das alte zu baufällig geworden war. Lediglich die recht stabilen Seitenteile blieben erhalten und bilden die uns bekannte Orangerie. Das Areal des Schlossparks umfasst heute etwa 612.000 Quadratmeter. Anlässlich der EUROGA 2002 plus wurden mehrere Partien des Parks umfassend restauriert. So kann der Besucher nicht nur im Garten „lustwandeln" wie einst im 18. Jahrhundert, sondern kann sich auch im ehemaligen Küchengarten, dem „Potager" darüber informieren, wie die Küche des Schlosses mit Kräutern und frischen Gemüsen beliefert wurde. Ein besonderes Highlight ist das im Schlosspark stattfindende Mondscheinkonzert. Dann machen es sich die Menschen, bepackt mit Picknickkörben, Tischen und Bänke rund um den Spiegelweiher gemütlich. Es wird geplaudert, geprostet, geschlemmt, gelacht und flaniert. In der Dämmerung erklingt das Vorkonzert, das eigentliche Programm beginnt mit der Dunkelheit. Zu eingängigen klassischen Melodien fängt das Wasser des Weihers in Wasserfontänen im Takt zu tanzen an, Schloss und Park erscheinen wie in farbiges Licht getaucht: ein Genuss für Augen und Ohren.

Crème de Cassis

Zutaten

800 g schwarze Johannisbeeren
250 g Zucker
100 ml Champagner
5 Blatt weiße Gelatine
3 EL Crème fraîche
50 g Puderzucker
300 g Erdbeeren

Zubereitung

Die Johannisbeeren waschen und von den Stielen streifen. Den Zucker mit dem Champagner zu einem Sirup aufkochen und sofort vom Herd ziehen.

Die Gelatine in kaltem Wasser einweichen. Die ausgedrückte Gelatine mit den Johannisbeeren in den etwas abgekühlten Sirup einrühren. Die Masse fein pürieren und durch ein Haarsieb streichen, um Häute und Kerne zu entfernen. Weiter abkühlen lassen, dann die kurz durchgeschlagene Crème fraîche und den Puderzucker einrühren, bis eine cremige Konsistenz erreicht ist.

Die Crème in angefeuchtete kleine Förmchen oder Tassen füllen und für 24 Stunden in den Kühlschrank stellen. Vor dem Anrichten kurz in heißes Wasser tauchen, stürzen und mit den geviertelten Erdbeeren servieren. ▮

➤ **Dazu schmeckt Champagner (S. 116)**

vodafone

IM MEDIENHAFEN

Yachten, Brücken & Skulpturen – das hippe Szeneviertel am Wasser

Atemberaubende Architektur, aufsteigende Firmen, trendige wie glamouröse Lokale, moderne Luxus-Hotels und Szenebars – das ist der Medienhafen heute. Ehemals von Düsseldorfern wie Touristen gemieden und mit gerümpfter Nase wenn überhaupt aus der Ferne betrachtet, hat sich der Handelshafen zur schicken Düsseldorfer In-Meile entwickelt. Wer dazugehören will, der lebt, arbeitet oder feiert hier – und schnuppert die Luft der großen weiten Welt. Durch das Zusammenspiel verschiedener alter und neuer Baustile ergibt sich ein spannender Architektur-Mix: Die eindrucksvollsten Gebäude sind sicherlich die Frank-O.-Gehry-Bauten und das Neue Stadttor, aber auch Teherani's „Streamer", das Colorium und der Mediatower mit seiner Glasfassade ziehen den Betrachter immer wieder aufs Neue in ihren Bann.

Fingerfood mit Lachs

Zutaten

300 g Lachs, geräuchert
1 EL Dill
3 Schalotten
½ Limette, gepresst
3 EL Sonnenblumenöl
1 TL Senf
Chilischote
Koriander
2 Kaviarbrote
3 EL Crème fraîche
50 g Kaviar (Lachskaviar) zum Garnieren
Dill-Zweige zum Garnieren
Salz
weißer Pfeffer

Zubereitung

Den Lachs fein würfeln. Dill klein hacken, Schalotten schälen und fein würfeln. Dann Dill, Schalotten, Limettensaft, Sonnenblumenöl, Senf, Chili, Koriander, Salz und weißen Pfeffer zugeben und mit dem Lachs gut vermengen. Brote in schmale Scheiben schneiden und Tatar mit Hilfe eines kleinen Löffels darauf geben.
Crème fraîche mit einem Spritzbeutel und einer feinen Tülle auf die Lachsmasse spritzen. Zum Schluss mit Lachskaviar und etwas Dill dekorieren. ▮

Weißwein
trocken, Sauvignon, Qualität AOC
Region Sancerre-Loire, Frankreich
Weingut Gerat Millet

Hafen um 1951

FORTIN
DAMCO

Alter Hafen

Der Aalschokker

Anfang des 20. Jahrhunderts wurde der Aal zum „Brotfisch“, zum Hauptfangfisch der Rheinfischer. Meist aus den Niederlanden kamen die Fischer mit ihren typischen Booten, den Aalschokkern. Die flachbodigen Segelschiffe hatten einen sogenannten Schokkerbaum mit Schleppnetzen, der ausgeschwenkt werden konnte. Sie wurden ursprünglich auf der holländischen Insel Schokland gebaut und haben daher ihren Namen. Der Schokker-Kapitän ankerte an einer Stelle, an der der Rhein einen kleinen Bogen machte, und ließ sich die Aale von der Strömung in die Reuse treiben. Nur vier Tage vor und vier Tage nach Vollmond konnte er seinem Geschäft nicht nachgehen, denn in diesem Zeitraum lässt sich der Aal nicht fangen – da ging es dann zurück in die meist holländische Heimat.
Leider kam mit dem Niedergang des Aalbestands in den 1950er-Jahren, bedingt durch die unkontrollierte Rheinverschmutzung, auch das Aus für den Aalschokker. Einige Schiffe sind heute noch in Museumshäfen am Rhein zu sehen, so auch im Alten Hafen, der an der Stelle des ehemaligen Sicherheitshafens zwischen Zitadelle und Stadtbefestigung angelegt und 1996 mit einem Aalschokker bestückt wurde.

Aal-Happen

Zutaten

1 frischer Aal
4 Scheiben Speck
1 Zwiebel
2 EL Pflanzenfett
Petersilie
Beifuß
150 g Butter
2 Knoblauchzehen
2 Baguettes
Salz
Pfeffer

Zubereitung

Aal filetieren und in ca. 3 cm große Stücke schneiden. Salzen und pfeffern. Je 3 oder 4 Aalstücke mit einem Speckstreifen umwickeln und mit Küchengarn festbinden. Zwiebel schälen, würfeln und in einer ausreichend großen Pfanne (am besten ohne Griff) in Pflanzenfett anbraten. Aalsteaks dazugeben und auf jeder Seite ca. 2 bis 5 Minuten goldbraun braten. Zum Schluss Petersilie und Beifuß zugeben und die Pfanne für etwa 10 Minuten bei 200 °C in den Ofen schieben. Weiche Butter salzen und pfeffern. Den Knoblauch schälen, klein hacken und durch eine Knoblauchpresse drücken. Die Knoblauchmasse gut mit der Butter vermengen und in einer kleinen Schale mit den in Scheiben geschnittenen Baguettes servieren. ▮

➤ **Danach schmeckt ein Korn oder ein Samtkragen**

Mit samtigem Kragen

Ein richtiger Samtkragen schmeichelt Zunge und Magen und besteht immer aus zwei Komponenten: Zu ¾ aus Düsseldorfer Korn und zu ¼ aus Boonekamp, der mit einem Spezialausgießer an der Glasinnenwand aufgegossen wird. So bildet sich der „Samtkragen“. Wer Genaueres erfahren möchte, kann das bei den Führungen in der ➤ **Edel-Korn Brennerei Schmittmann.**

Gehry-Bauten

Fisch und Feinkost

Im ➤ **Fischhaus und Feinkost Gebrüder Nikolaou** gibt es nicht nur frischen Fisch, importiert vom weltbekannten Pariser Fischmarkt, sondern alles, was sich um guten Wein und Feinkost dreht, dazu noch griechische Qualitätsprodukte, wie zum Beispiel das von der Zeitung Feinschmecker ausgezeichnete Olivenöl oder den original Dodoni Feta Käse.

Von vier Brüdern 1983 gegründet und damals noch auf der Hugo-Viehoff-Straße ansässig, machte sich das Unternehmen schnell einen Namen und zog im Jahr 1990 auf die Heesenstraße in Heerdt, um die zunehmende Logistik bewältigen zu können. Heute ist das Fischhaus weit über Düsseldorfs Grenzen hinaus bekannt und bei Gastronomen, Cateringfirmen, Hotels und Großhändlern gleichermaßen bedeutend wie beliebt.

Matjes für alle

Pünktlich zu Beginn der neuen Matjessaison bietet das Fischrestaurant El Pescador seinen Gästen einen ganz besonderen Leckerbissen – denn dann steigt wieder die größte Düsseldorfer ➤ **Matjesparty.** Einen ganzen Sonntag lang dreht sich alles um die kleinen Fische aus Holland; es gibt frische Matjes in allen erdenklichen Variationen, Live-Musik und natürlich Alt vom Fass. Professionelle Matjesfiletierer aus den Niederlanden zeigen ihr Können und stehen den Besuchern mit hilfreichen Tipps zur Zubereitung Rede und Antwort. Und fast nebenbei erfährt man noch Wissenswertes zu Fang und Weiterverarbeitung und etwas über die Geschichte des milden Salzherings.

Matjesfilets mit Bohnen im Speckmantel

Zutaten

½ Salatgurke
2 Äpfel
2 Zwiebeln
100 g Joghurt
200 g Mayonnaise
Zucker
Meerrettich
700 g Bohnen
10 Scheiben Speck
4 Matjesdoppelfilets
Salz
Pfeffer

Zubereitung

Die Gurke halbieren, schälen, entkernen und in Streifen schneiden. Die Äpfel schälen, vierteln, entkernen und in dünne Streifen schneiden. Anschließend eine Zwiebel schälen, vierteln und in Würfel schneiden. Joghurt mit der Mayonnaise verrühren und nach Belieben mit Salz, Pfeffer, Zucker und Meerrettich abschmecken. Die Gurke, Äpfel und Zwiebel hinzugeben.
Die grünen Bohnen mit jeweils einer Scheibe Speck fest umwickeln. Die umwickelten Bohnen in einer Pfanne ohne Fett braten, bis der Speck knusprig gebräunt ist. Die Bohnen im Speckmantel immer wieder wenden und fest andrücken.
Die zweite Zwiebel schälen und in Ringe schneiden.
Zum Servieren die Matjesfilets mit den Zwiebelringen garnieren und die Bohnen ihm Speckmantel sowie die Soße dazugeben. ▮

➤ **Dazu schmecken Bratkartoffeln (S. 139)**

Weißwein
trocken, Semilion, Qualität AOC
Region Entre deux Mers, Bordeaux, Frankreich
Weingut Fondarzac

Der Tisch war gedeckt.
Hier fand ich die altgermanische Küche.
Sei mir gegrüßt, mein Sauerkraut,
holdselig sind deine Gerüche.
(aus: Heinrich Heine, Deutschland. Ein Wintermärchen)

Heinrich Heine

Der 1797 auf der Bolkerstraße in Düsseldorf geborene und zuerst verkannte Poet und Journalist zählt heute zu den bedeutendsten deutschen Dichtern des 19. Jahrhunderts. Der Schöpfer des „Loreley"-Gedichts und des Versepos „Deutschland. Ein Wintermärchen" verbrachte seine ersten 18 Lebensjahre in Düsseldorf und besuchte hier die heute als Max-Schule bzw. Görres-Gymnasium bekannten Bildungsinstitutionen. Wegen seiner politischen Ansichten zunehmend angefeindet und der Zensur in Deutschland überdrüssig, siedelte er 1831 nach Paris über, wo er bis zu seinem Tod lebte. Trotz allem hat ihm Deutschland viel bedeutet und die Sehnsucht nach der Heimat war groß.

Frisch gefangen

Bei Familie Fischer auf ➤ **Forellenzucht Gut Landgraf** finden Sie alles rund um frischen Fisch von der Küste im Allgemeinen und natürlich um die Forelle im Besonderen. Dazu gibt's frische Produkte wie Kartoffeln, Eier, hausgemachte Leberwurst, frisch zubereitete Salate oder diverse belegte Fischbrötchen. Verschiedene Weißweine und Sekte runden das Angebot ab. Und wenn Sie ein größeres Fest planen, wird die wunderbar dekorierte Fischplatte auch gerne nach Hause geliefert.

Sauerkraut mit Tradition

Vor rund 150 Jahren haben sich zwei Brüder dazu entschlossen, die ➤ **Leuchtenberg Sauerkrautfabrik** in Neuss zu eröffnen. Schon damals waren hervorragende Qualität, das Festhalten an traditionellen Werten, aber auch Innovation die Kriterien, die das Unternehmen bestimmten – und das hat sich ausgezahlt: Die kleine Sauerkrautfabrik mauserte sich zum führenden Hersteller von Sauerkraut, Rotkohl und milchsauer vergorenen Schneidebohnen in flexiblen Verpackungen und beliefert heute Kunden weit über die Grenzen Nordrhein-Westfalens hinaus. Der Kunde hat die Wahl zwischen traditionellen Produkten wie dem erntefrischen Sauerkraut, das je nach Geschmack zu Hause verfeinert werden kann, oder dem Rund-um-Sorglos-Paket in Form von fertig gewürzten und vorgekochten Produkten, wie dem servierfertigen Apfel-Rotkohl, der am heimischen Herd nur noch aufgewärmt werden muss.

Lnteres Rheinwerft um 1951

Forellenfilet mit Sauerkraut und Bratkartoffeln à la Harry Heine

Zutaten

750 g Sauerkraut
200 ml Weißwein
4 Zwiebeln
5 Nelken
1 TL Zucker
800 g Kartoffeln, fest kochend
2 EL Pflanzenfett
4 Forellenfilets, geräuchert, ohne Haut
Salz
Pfeffer

Zubereitung

Das Sauerkraut kalt abwaschen und mit dem Weißwein in einen Topf geben. Zwei Zwiebeln schälen, in Scheiben schneiden und mit den Nelken zum Sauerkraut geben. Etwa 30 Minuten kochen lassen, mit Zucker, Salz und Pfeffer abschmecken.

Die Kartoffeln waschen und in Salzwasser zum Kochen bringen. Bei mittlerer Hitze etwa 25 Minuten kochen lassen, dann abgießen und kurz im Topf abdämpfen. Kartoffeln pellen, in Scheiben schneiden, zwei Zwiebeln schälen und würfeln. Das Pflanzenfett in einer Pfanne erhitzen und die Kartoffeln bei mittlerer Hitze 8 bis 10 Minuten braten, dann wenden. Nun die Zwiebeln hinzugeben und braten, bis sie goldgelb sind. Mit Salz und Pfeffer abschmecken. Das Sauerkraut und die Kartoffeln auf einem Teller mit je einem Forellenfilet anrichten. ∎

Weißwein
trocken, Chardonnay, Qualität Vin de Pays
Region Südfrankreich
Weingut Laroche

Hecht auf Gurkensalat

Zutaten

Für den Gurkensalat:
1 große Salatgurke
2 Schalotten
4 EL Sahne
2 EL Keimöl
2 EL Weißweinessig
1 Bund Dill
Salz
Pfeffer

Für die Hechtfilets:
100 g fetter Speck
1 kg Filet vom Hecht
1 Zitrone, gepresst
20 g Butter
500 ml trockener Weißwein
250 ml Gemüsebrühe
1 EL Kartoffelmehl
300 g saure Sahne
1 EL Kapern
Salz
Pfeffer

Weißwein
trocken, Chardonnay, Qualität AOC
Region Chablis, Burgund, Frankreich
Weingut Montmain

Zubereitung

Die Salatgurke schälen, die Stilenden abschneiden und in feine Scheiben hobeln. Die Schalotten schälen, würfeln und mit den Gurkenscheiben in eine Schüssel geben.
Die Sahne mit Salz und Pfeffer mischen, Öl und Essig unter Rühren dazugeben. Die Soße mit Schalotten und Gurke vermischen, kurz durchziehen lassen und mit fein geschnittenem Dill bestreuen.
Speck in schmale Streifen schneiden. Das Hechtfilet waschen, trocknen und mit dem Speck spicken. Mit Salz und etwas Zitronensaft würzen. Butter erhitzen und die Filets darin von beiden Seiten braun anbraten. Den Wein und die Brühe hinzugeben. Die Filets zugedeckt bei geringer Hitze etwa 15 Minuten dünsten lassen.
Nun die Hechtfilets herausnehmen und im Ofen bei etwa 50 °C warm stellen. Das Kartoffelmehl mit der sauren Sahne verrühren, zum Fischsud dazugeben und unterrühren. Soße aufkochen lassen, mit Salz und Pfeffer abschmecken und durchsieben. Die Kapern klein hacken. Den Gurkensalat auf Teller geben, Hechtfilets darauf anrichten, mit Soße übergießen und mit den Kapern bestreuen. ▮

➤ **Dazu schmecken Salzkartoffeln (S. 31)**

Feiern im Hafen

Ende August sorgt das ➤ **Hafenfest** für ausgelassenes Sommerfeeling. Besucher können um das Hafenbecken schlendern, Live-Musik und ein internationales Bühnenprogramm genießen.

Den Hafen entdecken

Wer sind die Flossis, wo steht das Colorium und woher hat das Grand Bateau eigentlich seinen Namen? Diese und viele andere Fragen werden bei den ➤ **Führungen** durch den Medienhafen beantwortet. Der mehr als 100-jährige Hafen kann auf einen spannenden Lebenslauf vom Güterumschlagplatz zur Heimat für kreative Berufe zurückblicken und ist nicht nur tagsüber einen Besuch wert. Auch die Führungen bei Nacht, wenn ausgesuchte architektonische Wunderwerke eindrucksvoll beleuchtet sind, sind ein Erlebnis für sich. Und wer auf den Geschmack gekommen ist: In Düsseldorf gibt es noch zahlreiche andere Themenführungen, die man nicht verpassen sollte.

Das Dreigestirn des Medienhafens

Die drei rot, weiß und silbernen – nach den Stadtfarben Düsseldorfs – gestalteten Gebäude des Stararchitekten Frank O. Gehry sind längst zu einem Düsseldorfer Wahrzeichen geworden. Gehry wollte ein gebautes Kunstwerk setzen, das als charakteristisches Zeichen für das neue Hafenviertel dienen sollte – und das ist ihm gelungen.

Schiffe der Weißen Flotte

Muscheln Spanische Art

Weißwein
trocken, Sauvignon, Qualität Crianza
Region Rioja, Spanien
Weingut Marques de Riscal

Zutaten

2 kg Miesmuscheln
2 Schalotten
1 Stange Staudensellerie
4 EL Öl
100 ml Sherry
2 rote Paprika
4 Frühlingszwiebeln
1 Knoblauchzehe
½ TL Chilipulver
1 TL abgeriebene Zitronenschale
100 g scharfe Chorizo-Wurst

Zubereitung

Miesmuscheln säubern und die Bärte entfernen (geöffnete Exemplare entsorgen). Schalotten und Sellerie schälen und fein hacken. Beide Zutaten 5 Minuten mit 1 EL Öl in einem sehr großen Topf anbraten. Mit Sherry ablöschen und die Miesmuscheln hinzufügen. Die Muscheln bei starker Hitze erwärmen, damit sie sich öffnen. Den Topf vom Herd nehmen, sobald die Muscheln offen sind. 4 ganze Miesmuscheln für später aufheben, den Rest aus der Schale lösen und das Muschelfleisch beiseite stellen; geschlossene wegwerfen. Den Muschelsud durchsieben und etwa 200 ml abfüllen. Die Paprika in Würfel schneiden. Frühlingszwiebeln klein schneiden und 5 Minuten in 2 EL Öl andünsten. Paprika, geschälte und zerdrückte Knoblauchzehe, Chilipulver und Muschelsud dazugeben. 10 Minuten ohne Deckel kochen lassen.

Chorizo-Wurst in dünne Scheiben schneiden und in einer Pfanne mit 1 EL Öl knusprig braten. Auf Küchenpapier abtropfen lassen.

Muschelfleisch schnell erhitzen und mit den ganzen Miesmuscheln, der Zitronenschale und den Chorizo-Scheiben verzieren.

➤ **Statt Chorizo-Wurst kann ersatzweise auch Cabanossi oder Pfeffersalami verwendet werden.**

Klein-Paris

Erstmals betitelte Napoleon Bonaparte Düsseldorf im Jahre 1811 als Klein-Paris, allerdings meinte er damit lediglich, dass für die wenigen Tage seiner Anwesenheit „die Geschicke des Reiches von Düsseldorf aus gelenkt" würden. Damals bezog er sich nicht – wie heute viele Düsseldorfer gerne behaupten – auf die Stadt als Modemetropole oder etwa das hier einmalige Savoir-Vivre. Dennoch hielt sich der Spitzname hartnäckig, ein frankophiler Einfluss ist dann zumindest bei einigen Gebäuden wie beispielsweise dem Benrather Schloss zu finden. Manchen Menschen war das zu wenig, so siedelte Heinrich Heine trotz seiner Heimatliebe 1831 nach Paris um, wo er bis zu seinem Tod 1856 lebte.

Neue Architektur im Medienhafen (zur Bauzeit des 2010 fertiggestellten SIGN!)

Frankreich erleben

Mitte Juli feiert Düsseldorf im Herzen der Altstadt zu Ehren des Nachbarlandes das ➤ **Frankreichfest**, um die vielfältigen kulturellen, wirtschaftlichen und freundschaftlichen Beziehungen zu Frankreich zu pflegen und zu vertiefen. Ein original französischer Markt, kulinarische Köstlichkeiten, ein buntes Kulturprogramm und das größte Treffen französischer Oldtimer in Deutschland sorgen dafür, dass Düsseldorf zumindest an diesen Tagen zu einem wahren „Klein-Paris" wird.

Im Käseparadies

Wer gerne Käse aus Frankreich mag - vor allem die würzigen und zum Teil etwas geruchsintensiveren Sorten - wird in diesem französischen Käseparadies, der ➤ **Fromagerie**, garantiert etwas finden. So sind neben den altbekannten auch Sorten wie Saint-Nectaire, Morbier und Roquefort im Angebot. Weitere Feinkostangebote wie Wein, französische Brotspezialitäten und verschiedene Aufschnitte runden das Sortiment ab.

Käse-Petit-Fours

Zutaten (für ca. 40 Stück)

500 g Camembert oder Briekäse
130 g weiche Butter
1 rote Schalotte
30 g Mandelblättchen
30 g Haselnussblättchen
50 g Pumpernickel
4 Zweige Dill
4 Zweige Petersilie
2 EL Paprikapulver, edelsüß
2 EL Parmesan
ca. 40 Pralinenmanschetten
Feigen zum Garnieren
blaue und grüne Weintrauben zum Garnieren

Zubereitung

Den Käse aus dem Kühlschrank nehmen und einige Zeit bei Zimmertemperatur warm werden lassen, dann würfeln. Die Käsewürfel mit der weichen Butter vermengen und mit einer Gabel zerdrücken. Die fein gehackte Schalotte unter die Käsemasse rühren, die Masse etwa 30 Minuten kalt stellen. Die Mandel- und Haselnussblättchen ohne Fett in einer Pfanne goldgelb rösten und auf einen Teller geben. Pumpernickel in Scheiben schneiden und fein auf einem Teller zerbröseln, die Dill- und Petersilienzweige fein hacken und auf einen Teller geben. Paprikapulver mit dem fein geriebenen Parmesan mischen und ebenfalls auf einem Teller verteilen.

Die Käsemasse in 4 Teile teilen. Daraus jeweils etwa 10 walnussgroße Bällchen formen und abwechselnd in Nüssen, Pumpernickel, Kräutern oder Paprika-Parmesanpanade wälzen.

Jeweils eine fertige Kugel in eine Pralinenform setzen und auf einer Platte anrichten. Feigen in Spalten schneiden, zwischen die Käsekugeln setzen und alles mit ein paar halbierten, entkernten Weintrauben dekorieren.

Rotwein
trocken, Syrah, Qualität AOC
Region Côtes du Rhône, Frankreich
Weingut Albert Bichot

Medienhafen bei Nacht

Rhabarberkompott mit Vanillesoße

Zutaten

Für das Rhabarberkompott:
250 g Rhabarber
150 ml Orangensaft
100 g Zucker
30 g Vanillezucker

Für die Vanillesoße:
3 Eigelb
2 EL Zucker
2 EL Vanillezucker
1 EL Stärkemehl
375 ml Milch
1 Vanilleschote

Zubereitung

Vom Rhabarber die Blätter sowie den unteren Teil abschneiden und die faserige Haut abziehen. Die Stangen in kleine Stücke schneiden. 300 ml Wasser mit Orangensaft, Zucker und Vanillezucker aufkochen, den Rhabarber dazugeben, vom Herd nehmen und zugedeckt auskühlen lassen.
Eigelb, Zucker, Vanillezucker und Stärkemehl mischen und glatt rühren. Die Milch unterschlagen, dann das Mark aus der Vanilleschote auskratzen und dazugeben, kurz darauf die Vanilleschote in die Masse geben. Nun auf kleiner Flamme schlagen, bis die Soße andickt, aber nicht kochen lassen. Zuletzt die Schote wieder entfernen und die Vanillesoße etwas abkühlen lassen. Das noch warme Rhabarberkompott mit der Vanillesoße übergießen und auf kleinen Tellern servieren. ▮

Der Rheinturm

In der Rangfolge der Fernmeldetürme liegt der 1982 eröffnete Rheinturm mit seinen 240,5 Metern auf Platz elf. Zwei Aussichtskanzeln, die eine auf 174,5 Metern mit einem Restaurant, die andere auf 170 Metern mit einer Caféteria, bieten Besuchern bei klaren Wetterverhältnissen einen wunderbar weiten Ausblick. Besonderes Highlight: Das Restaurant verfügt über einen beweglichen Boden, der sich innerhalb einer Stunde einmal um die Turmachse dreht – so ist ein Rundblick möglich, ohne seinen Platz verlassen zu müssen.
Die zweite Besonderheit ist die von Horst H. Baumann in den Schaft des Rheinturms eingesetzte Dezimaluhr in Form von 62 mit LED beleuchteten Bullaugen: Es gelten nur die weißen Bullaugen – die roten dienen lediglich der Trennung von Sekunden, Minuten und Stunden – und gezählt wird von unten nach oben. Die unteren neun Bullaugen entsprechen den Sekunden, die folgenden fünf jeweils zehn Sekunden. Darüber beginnt die Zählung der Minuten und darüber die der Stunden – immer nach demselben Prinzip. Nehmen wir das Beispiel 15.34 Uhr und 12 Sekunden: Erleuchtet sind ein Bullauge der Zehnerstunden, fünf der Einerstunden, drei der Zehnerminuten, vier der Einerminuten, eins der Zehnersekunden und zwei der Einersekunden.

Die Flossis sind los

Wer im Hafen riesige bunte Gestalten sieht, die eine Hausfassade erklimmen oder dem Betrachter zuwinken, braucht nicht an seinem Verstand zu zweifeln. Die „Flossis" sind Kunstwerke der Kunstprofessorin Rosalie aus Stuttgart, die sie 1998 anlässlich der Eröffnung des Deutschen Kunststoff-Museums im NRW-Forum am Rhein und der Ausstellung „Kunst und Kunststoff" entworfen hat.

Beschwipste Flossi-Beeren

Zutaten

200 g Mascarpone
1 Ei
1 Pck. Vanillezucker
1–2 EL Zitronensaft
2 EL Honig
100 ml Sahne
5 EL Cointreau
1 Pck. Amarettikekse
250 g Erdbeeren
1 TL Zucker
Puderzucker zum Bestäuben

Zubereitung

Mascarpone, Ei, Vanillezucker, Zitronensaft, Honig, Sahne, Cointreau und zerstoßene Amarettikekse miteinander vermengen. Die Erdbeeren putzen und mit Zucker bestäubt in ein gefettetes Förmchen geben. Die Mascarponemasse über die Erdbeeren geben und im Ofen bei 200 °C gratinieren oder kurz übergrillen. Vor dem Servieren mit Puderzucker bestäuben.

Kaffeecrème

Zutaten

5 Blatt weiße Gelatine
4 Eigelb
80 g Zucker
250 ml Milch
30 g Mokkaschokolade
125 ml starker Kaffee
2 cl Kaffeelikör
250 ml Sahne
4 EL Sahne
Kakaopulver zum Bestäuben

Zubereitung

Die Gelatine in kaltem Wasser einweichen. Eigelb und Zucker cremig schlagen. Die Milch erhitzen und die Schokolade darin schmelzen lassen. Den heißen Kaffee und den Kaffeelikör unter die Eimasse heben und diese in einem heißen Wasserbad unter ständigem Rühren aufschlagen, bis die Masse eine leicht cremige Konsistenz hat. Nun das Ganze in einer Eisschale unter Rühren wieder erkalten lassen. 250 ml Sahne steif schlagen und darunterheben. Die Crème nun in Kaffeetassen abfüllen und im Kühlschrank vollends erkalten lassen. Mit je 1 EL leicht geschlagener Sahne garnieren und mit Kakao bestäubt servieren. ■

Latte Art – von der vergänglichen Kunst

Wenn von gießen, zeichnen und schnitzen die Rede ist, sind nicht etwa Techniken in einem Metall oder Holz verarbeitenden Gewerbe gemeint, sondern es handelt sich dabei um die Grundbegriffe eines Baristas, der sich der Latte Art verschrieben hat. Damit ist die Verzierung von Milchschaum auf einem Cappuccino, Kaffee oder Espresso gemeint, die mittlerweile eine regelrechte Kunst für sich geworden ist. Was sich so leicht anhört, ist es keineswegs. Beginnen wir mit der leichtesten Übung – dem Gießen: Darunter versteht man das Hinzufügen des flüssigen Milchschaums auf den Espresso – so entsteht ohne weitere Hilfsmittel ein Muster aus Crema und Milchschaum. Etwas schwieriger ist das Zeichnen: Dabei gestaltet der Barista mit dem Milchschaum oder Hilfsmitteln wie Schokoladensoße und Lebensmittelfarbe Motive auf der Milchschaumoberfläche. Die Königsdisziplin der Latte Art ist das sogenannte Schnitzen oder Carving: Das bedeutet, dass an manchen Stellen Milchschaum abgetragen und an anderen Stellen wieder aufgesetzt wird, um dreidimensionale Objekte auf dem Cappuccino entstehen zu lassen. Es soll auf der Welt nur knapp ein Dutzend Menschen geben, die diese Kunst tatsächlich beherrschen.

Kaffeegenuss für zu Hause

In dem hellblau und weiß gehaltenen Ladenlokal ➤ **Bernstein & Inbar** mit dem Charme eines französischen Tante-Emma-Ladens lässt es sich wunderbar einkaufen, stöbern, schlemmen und auch sonntags frühstücken – mit Köstlichkeiten aus Belgien und Frankreich. Neben hervorragendem italienischen Kaffee zum Probieren vor Ort oder für zu Hause gibt es allerlei Schinken- und Salamispezialitäten, exotischen Tee, feinste belgische Törtchen und hausgemachtes Eis. Die Käsetheke birgt Schätze aus Italien wie Pecorino mit Wildsafran und Pfeffer.

In der Bar Alexander auf der Kirchfeldstraße

Geschüttelt, nicht gerührt

Was haben frische Kräuter, Gewürze oder Gemüse in einer Bar zu suchen? Sehr viel! Produkte wie Gurke, Sellerie oder Dill, die man eher in der Küche als im Cocktailglas erwartet, geben Klassikern ein neues Gewand und Eigenkreationen einen Hauch von weiter Welt – das ist doch genau das Richtige für das cosmopolitische, moderne Düsseldorf!
Den Weg bereitet für diesen Cocktail-Trend hat die Küche. Fernsehköche wie Jamie Oliver und Sarah Wiener haben die Menschen zunehmend für neue Produkte sensibilisiert.
Beim sogenannten „CuisineStyle" ist erlaubt, was schmeckt, und erwünscht, was fast unmöglich scheint. Da werden Senfkörner zermahlen und Chilis in Honig aufgelöst. Gurken, Tomaten und Paprika kommen nicht mehr als Salat auf den Tisch, sondern bilden die Basis für neue flüssige Geschmackserlebnisse. Ähnlich wie beim Kochen reichen oft Nuancen eines Produktes, um dem Drink ein besonderes, neues Aroma zu verleihen.

Die Bartender der Bar Alexander haben ihrer Fantasie freien Lauf gelassen und mit heimischen Zutaten für Look & Cook zwei köstliche Cocktails kreiert:

Cocktails selbst mixen – die wichtigsten Tipps:
Als Ausrüstung brauchen Sie nicht viel: einen Cocktailshaker, ein Barmaß oder ein Schnapsglas mit 2-cl-Eichung, ein Barsieb, ein Schneidebrett und ein scharfes Messer. Für Mojitos und Caipirinhas ist noch ein Stößel nötig. Mit einem Ice-Crusher lässt sich schnell zerstoßenes Eis herstellen. Wenn der nicht zur Hand ist, einfach eine kleinere Menge Eiswürfel in einen Gefrierbeutel geben, mit einem Handtuch umwickeln und das Eis mit einem Hammer zerkleinern.
Als Deko bieten sich Fruchtstücke wie Orangenscheiben, dünne Ananasscheiben, Beerenrispen oder Zitronenschalen-Spiralen an, die auf Cocktailspießen nach Lust und Laune aufgereiht werden können. Wer will, verziert das Glas noch mit einem Zuckerrand – dafür den Glasrand zuerst in etwas Saft und dann in Zucker tauchen.
Und wer noch mehr über die große Kunst des Rührens und Shakens erfahren möchte – die Bartender der ➤ **Bar Alexander** bieten auch Cocktail-Workshops an.

Mojito Mediaharbour

Zutaten (für 1 Cocktail)
2,5 cl Limettensaft
2 TL weißer Rohrzucker
2–3 Zweige Minze
1 EL Senf, mittelscharf
4 cl Captain Morgan Spiced Rum
6 cl Soda

Zubereitung
Limettensaft, Rohrzucker, Minze und Senf in ein hohes Glas geben, mit einem Stößel zerdrücken. Glas mit Eiswürfeln füllen, dann den Rum dazugeben, mit Soda auffüllen und verrühren. ∎

Bloody Rhine

Zutaten (für 1 Cocktail)
3 cl Killepitsch
2 cl Zitronensaft
10 cl Tomatensaft
2 Spritzer Tabasco
2 Spritzer Worcestershire Soße
Salz
Pfeffer
1 Stange Staudensellerie zum Garnieren

Zubereitung
Eiswürfel in ein Longdrinkglas geben. Killepitsch, Zitronensaft, Tomatensaft, Tabasco und Worcestershire Soße dazugeben, mit Salz und Pfeffer abschmecken. Spiralförmig von unten nach oben durchrühren und mit der Selleriestange dekorieren. ∎

SAMMELSURIUM

Wer, Was & Wo – gut zu wissen

Service

KAPITEL: RHEINWIESEN

Hercules Vollkorn- und Mühlenbäckerei ➲ 9
Ulmenstraße 120, 40476 Düsseldorf
Tel. (02 11) 45 07 96
www.hercules-baeckerei.de

Feinkost Turan ➲ 10
Stockkampstraße 56, 40477 Düsseldorf
Tel. (02 11) 5 14 44 31

Andreas Wielens Eier- und Geflügelhandel ➲ 13
Gartenstraße 40, 40479 Düsseldorf
Tel. (02 11) 4 98 19 09

Kaarster Weinladen ➲ 16
Bismarckstraße 30, 41564 Kaarst
Tel. (0 21 31) 6 24 67
www.kaarster-weinladen.de

ProWein ➲ 16
Tel. (02 11) 45 60-7613
www.prowein.de

WeinSommer Rheinland-Pfalz ➲ 16
Tel. (0 61 32) 50 95 00
www.weinsommer.de

Weintrainer ➲ 16
Tel. (0 21 37) 9 29 98 67
www.weintrainer.com

Im alten Bierhause ➲ 18
Alt-Niederkassel 75, 40547 Düsseldorf
Tel. (02 11) 55 12 72
www.meuser1853.de

Größte Kirmes am Rhein ➲ 21
Düsseldorf Marketing & Tourismus GmbH
Tel. (02 11) 17 20 20
www.duesseldorf-kirmes.de

KAPITEL: KAPPESHAMM

Gemüsegarten zur Miete ➲ 34
Meine Ernte
Tel. (02 28) 28 61 71 19
www.meine-ernte.de

Kreutzerhof Naturkost ➲ 34
Düsseldorfer Straße 77, 40667 Meerbusch
Tel. (0 21 32) 9 98 68 84
www.kreutzerhof.de

Apfelparadies Wittlaer ➲ 36
Duisburger Landstraße 333 a, 40489 Düsseldorf
Tel. (02 03) 78 96 23
www.apfelparadies.com

Obstplantagen Schloss Dyck und Bloemersheim ➲ 36
Schloss-Dyck-Straße 1, 41363 Jüchen
Tel. (0 21 82) 53 46
www.stiftung-schloss-dyck.de
www.bloemersheim.de

KAPITEL: CARLSPLATZ

Düsseldorfer Gulaschkanone Josef Dauser GmbH ➲ 40
Ulmenstraße 118, 40476 Düsseldorf
Tel. (02 11) 48 61 64
www.dauser-online.de

Cucina ➲ 41
The Kitchen Company Düsseldorf Gmbh
Carlsplatz 14–15 (Eingang Benrather Straße)
40213 Düsseldorf, Tel. (02 11) 88 28-7210
www.cucina-duesseldorf.de

Manes Meckenstocks Dorfschönheiten ➲ 43
Tel. (02 11) 63 55 98 80
www.himmelundaehd.de

Möhre Naturkost Holthausen ➲ 44
Itterstraße 34, 40589 Düsseldorf
Tel. (02 11) 75 16 98
www.moehre.com

Bioland Lammertzhof ➲ 44
Familie Hannen GbR, Lammertzhof
41564 Kaarst, Tel. (0 21 31) 7 57 47-0
www.lammertzhof.de

Martin-Antonio Grzabka „Schinkentoni" ➲ 47
Carlsplatz, 40213 Düsseldorf
Tel. (02 11) 13 43 53

Kräuterhaus Hackenberg e. K. ➲ 48
Moltkestraße 98, 40479 Düsseldorf
Tel. (02 11) 44 39 68
www.kraeuterhaus-hackenberg.de

Bernhard Pahlke ➲ 51
Fisch- und Garnelen-Import GmbH
Carlsplatz, 40213 Düsseldorf
Tel. (02 11) 32 85 00

KAPITEL: ALTSTADT

Gewürzhaus Altstadt ➲ 59
Mertensgasse 25, 40213 Düsseldorf
Tel. (02 11) 32 57 88
www.gewuerzhaus-altstadt.de

Börgermann ➲ 62
Berger Straße 15, 40213 Düsseldorf
Tel. (02 11) 13 12 55
www.boergermann.de

Bäckerei Josef Hinkel ➲ 63
- Hohe Straße 31, 40213 Düsseldorf
  Tel. (02 11) 8 62 03 40
- Mittelstraße 25, 40213 Düsseldorf
  Tel. (02 11) 86 20 34 21

www.baeckerei-hinkel.de

Bakery My Heart ➲ 64
Marienstraße 26, 40210 Düsseldorf
Tel. (02 11) 5 50 47 50

Dae-Yang ➲ 65
Immermannstraße 21
40210 Düsseldorf
Tel. (02 11) 63 55 86 42
www.daeyang.de

Shochiku ➲ 65
Immermannstraße 15, 40210 Düsseldorf
Tel. (02 11) 36 59 59

Japan-Tag ➲ 66
Düsseldorf Marketing & Tourismus GmbH
Tel. (02 11) 1 72 02-2274
www.japantag-duesseldorf-nrw.de

Shennong Tee Lounge ➲ 66
Burgplatz 2–3
40213 Düsseldorf
Tel. (02 11) 59 81 36 89
www.shennong.de

Lange Tafel ➲ 68
Düsseldorf Marketing & Tourismus GmbH
Tel. (02 11) 1 72 02-0
www.duesseldorf-tourismus.de

Düsseldorfer Senflädchen ➲ 70
Berger Straße 29, 40213 Düsseldorf
Tel. (02 11) 41 59-0
www.loewensenf-senfladen.de

Restaurant Im Schiffchen ➲ 75
Kaiserswerther Markt 9, 40489 Düsseldorf
Tel. (02 11) 40 10 50
www.im-schiffchen.com

Weinblütenfest ➲ 75
RheinLust
Tel. (02 11) 86 29 87-0
www.rheinlust.de

Killepitschstube Et Kabüffke ➲ 77
Flingerstraße 1, 40213 Düsseldorf
Tel. (02 11) 13 32 69
www.killepitsch.de

Haus des Karnevals ➲ 82
Zollstraße 9, 40213 Düsseldorf
Tel. (02 11) 33 01 01
www.haus-des-karnevals.info

Jeck Jedöns ➲ 82
Berger Straße 11–13, 40213 Düsseldorf
Tel. (02 11) 8 69 30 09
www.jeckjedoens.de

Jeckes Lädchen ➲ 82
Marktstraße 6, 40213 Düsseldorf
Tel. (02 11) 86 32 42 80
www.jeckjedoens.de

Niederkasseler Tonnenrennen ➲ 82
Tonnengarde Niederkassel 1887 e. V.
www.tonnengarde.de

Stadtsparkassen Radschläger-Turnier ➲ 84
Alde Düsseldorfer Bürgergesellschaft von 1920 e. V.
Tel. (02 11) 32 22 50
www.alde-duesseldorfer.de

Malkasten Restaurant + Bar ➲ 87
Jacobistraße 6, 40221 Düsseldorf
Tel. (02 11) 17 30 40, www.mk-1.de

KAPITEL: HAUSBRAUEREI

Brauerei Im Füchschen ➲ 95
Ratinger Straße 28, 40213 Düsseldorf
Tel. (02 11) 1 37 47-0
Brauerei-Führung: Tel. (02 11) 1 37 47-25
www.fuechschen.de

Brauerei Schumacher ➲ 99
- Bolkerstraße 44 (Im Goldenen Kessel) 40213 Düsseldorf, Tel. (02 11) 32 60 07
- Oststraße 123, 40210 Düsseldorf Tel. (02 11) 82 89 02-0

Brauerei-Führung: Tel. (02 11) 82 89 02-0
www.schumacher-alt.de

Hausbrauerei Uerige ➲ 103
Berger Straße 1, 40213 Düsseldorf
Tel. (02 11) 8 66 99-0
Brauerei-Führung: Anfrage-Formular auf der Homepage
www.uerige.de

Metzgerei Helmut Schlösser ➲ 104
Oststraße 154, 40210 Düsseldorf
Tel. (02 11) 36 27 87

Hausbrauerei Zum Schlüssel ➲ 105
Bolkerstraße 41-47, 40213 Düsseldorf
Tel. (02 11) 8 28 95 50
Brauerei-Führung: Tel. (02 11) 8 28 95 50 oder Anfrage-Formular auf der Homepage
www.zumschluessel.de

Brauerei Kürzer ➲ 110
Kurze Straße 18-20, 40213 Düsseldorf
Tel. (02 11) 32 26 96
www.brauerei-kuerzer.de

Privatbrauerei Frankenheim ➲ 110
Wielandstraße 12, 40211 Düsseldorf
Tel. (02 11) 1 69 02-0
www.frankenheim.de

Schlösser Quartier Bohème ➲ 110
Ratinger Straße 25, 40213 Düsseldorf
Tel. (02 11) 15 97 61 50
www.schloesser.de

KAPITEL: KÖNIGSALLEE

Kaspian Sea Caviar Boutique ➲ 116
Königsallee 36 (Kesting Passage)
40212 Düsseldorf, Tel. (02 11) 59 84 85 52
www.kaspianseacaviar.com

Franzen ➲ 117
Königsallee 42, 40212 Düsseldorf
Tel. (02 11) 1 30 78-0, www.franzen.de

Manufactum ➲ 120
Steinstraße 4, 40212 Düsseldorf
Tel. (02 11) 6 02 08 88
www.manufactum.de

Münstermann Delikatessen ➲ 123
Hohe Straße 9-13, 40213 Düsseldorf
Tel. (02 11) 1 30 04-30
www.muenstermann-delikatessen.de

Bos Food ➲ 125
Grünstraße 24 c, 40667 Meerbusch
Tel. (0 21 32) 1 39-0, www.bosfood.de

Frank Petzchen Kochevents ➲ 125
Steinstraße 23, 40210 Düsseldorf
Tel. (02 11) 1 52 09 71 (Einzelbuchungen)
Tel. (02 11) 41 55 88 89 (Veranstaltungen)
www.frankpetzchenkochevents.de

Konditorei Heinemann ➲ 126
- Martin-Luther-Platz 32 (Vereinsbank-Passage) 40212 Düsseldorf, Tel. (02 11) 13 25 35
- Bahnstraße 16, 40212 Düsseldorf Tel. (02 11) 13 13 50
- Königsallee 1 (Eingang Galeria Kaufhof) 40212 Düsseldorf, Tel. (02 11) 13 41 14
- Rethelstraße 150, 40237 Düsseldorf Tel. (02 11) 5 83 71 79
- Luegallee 79, 40545 Düsseldorf Tel. (02 11) 5 98 27 31

www.konditorei-heinemann.de

Otto Bittner Confiserie-Conditorei ➲ 127
Königsallee 60 d (Kö-Galerie), 40210 Düsseldorf
Tel. (02 11) 3 10 98 33, www.otto-bittner.de

Stiftung Schloss und Park Benrath ➲ 129
Benrather Schloßallee 100-106
40597 Düsseldorf, Tel. (02 11) 8 99 71 40
www.schloss-benrath.de

KAPITEL: MEDIENHAFEN

Edel-Korn Brennerei Schmittmann GmbH ➲ 135
Niederkasseler Straße 106, 40547 Düsseldorf
Tel. (02 11) 55 55 65
www.schmittmann-korn.de

El Pescador – Das Düsseldorfer Fischhaus ➲ 136
Grafenberger Allee 67, 40237 Düsseldorf
Tel. (02 11) 2 51 91 53
www.elpescador.de

Fischhaus und Feinkost Gebrüder Nikolaou ➲ 136
Heesenstraße 90, 40549 Düsseldorf
Tel. (02 11) 95 60 38 00
www.nikolaou.org

Forellenzucht Gut Landgraf ➲ 138
Bergische Langstraße 699, 40629 Düsseldorf
Tel. (0 21 04) 7 07 28
www.forellenzucht-gutlandgraf.de

Leuchtenberg Sauerkrautfabrik GmbH ➲ 138
Augustinusstraße 58-60
41464 Neuss, Tel. (0 21 31) 10 79 0

Hafenfest ➲ 140
RheinLust
Tel. (02 11) 86 29 87-0
www.rheinlust.de

Hafen- und Themenführungen ➲ 140
Tel. (02 11) 63 52 59
www.duesseldorfer-stadtfuehrung.de

Fischmarkt ➲ 142
RheinLust
Tel. (02 11) 86 29 87-0
www.rheinlust.de

Drachenbootregatta ➲ 144
Tel. (08 00) 3 03 28 08
www.drachenbootregatta.de

Weiße Flotte ➲ 144
Anlegestellen: Rathausufer, Rheinterrasse, Theodor-Heuss-Brücke, Messe/Schnellenburg, Kaiserswerth
Tel. (02 11) 30 86 72
www.weisseflotteduesseldorf.de

Frankreichfest ➲ 147
Destination Düsseldorf Veranstaltungs-GmbH
Tel. (02 11) 45 60-979
www.duesseldorfer-frankreich-fest.de

Fromagerie ➲ 147
Neusser Straße 131, 40219 Düsseldorf
Tel. (02 11) 3 98 36 82

Rheinturm ➲ 149
Stromstraße 20, 40221 Düsseldorf
www.duesseldorf.de/thema/sights/rheinturm

Bernstein & Inbar ➲ 151
Lorettostraße 16, 40219 Düsseldorf
Tel. (02 11) 59 82 83 17
www.bernsteinundinbar.de

Bar Alexander ➲ 153
Düsselstraße 71, 40219 Düsseldorf
Tel. (02 11) 8 76 37 59
www.bar-alexander.com

Auch hier geht's rheinisch zu:

Am Zault
Gerresheimer Landstraße 40, 40627 Düsseldorf
Tel. (02 11) 20 94-0
www.hotelamzault.de

Benders Marie
Andreasstraße 13, 40213 Düsseldorf
Tel. (02 11) 58 58 98-0
www.bendersmarie.de

Brand's Jupp
Kalkstraße 49, 40489 Düsseldorf
Tel. (02 11) 40 40 40
www.brandsjupp.de

En de Canon
Zollstraße 7, 40213 Düsseldorf
Tel. (02 11) 32 97 98

Gut Knittkuhle
Knittkuhler Straße 20, 40629 Düsseldorf
Telefon (02 11) 29 50 11
www.gut-knittkuhle.de

Himmel & Ähd
Nordstraße 53, 40477 Düsseldorf
Tel. (02 11) 4 98 13 61
www.himmel-aehd.de

Hirschchen
Alt-Pempelfort 2, 40211 Düsseldorf
Tel. (02 11) 1 71 14 05
www.hirschchen.com

Hoffmanns gute Küche
Kirchfeldstraße 85, 40215 Düsseldorf
Tel. (02 11) 13 11 13

Im Goldenen Ring
Burgplatz 21, 40213 Düsseldorf
Tel. (02 11) 2 00 51 45
www.goldener-ring.com

Meckenstocks
Auf'm Hennkamp 101, 40225 Düsseldorf
Tel. (02 11) 3 11 33 71
www.meckenstocks.de

Ohme Jupp
Ratinger Straße 19, 40213 Düsseldorf
Tel. (02 11) 32 64 06

Restaurant Brauerei Zum Schiffchen
Hafenstraße 5, 40213 Düsseldorf
Tel. (02 11) 13 24 21
www.brauerei-zum-schiffchen.de

Reusch
Erftstraße 20/Ecke Wupperstraße
40219 Düsseldorf
Tel. (02 11) 39 10 33
www.reusch-online.de

Schwan
- Mühlenstraße 2, 40213 Düsseldorf
  Tel. (02 11) 1 36 53 87
- Frankenstraße 1/Ecke Roßstraße
  40476 Düsseldorf
  Tel. (02 11) 39 31 13
- Grünstraße 15 (im Stilwerk)
  40212 Düsseldorf
  Tel. (02 11) 8 62 82 80

www.schwan-restaurant.de

Weinhaus Tante Anna
Andreasstraße 2, 40213 Düsseldorf
Tel. (02 11) 13 11 63
www.tanteanna.de

Zum Trompeter
Fürstenwall 66 b, 40219 Düsseldorf
Tel. (02 11) 39 36 98
www.zum-trompeter.de

Immer auf Motivsuche
1958 in Düsseldorf geboren, begann ➤ **Michael Rennertz** schon früh, sich mit der Fotografie auseinanderzusetzen. Nach dem Abitur arbeitete er freiberuflich für verschiedene Tageszeitungen, es kamen PR-Agenturen, Verlage für Fachzeitschriften im Gastronomie-Bereich und Architekturfotografie für die AKNW hinzu. Seit 1984 ist eine große Düsseldorfer Tageszeitung sein Hauptauftraggeber. Ende der 1980er-Jahre verlagerte sich sein Schwerpunkt auf Geschäfts- und Industriekunden, Aktionärsmagazine, Mitarbeiterzeitungen und zunehmend auch Onlinepublikationen. Während dieser Jahre konnte Rennertz einen lang gehegten Traum - Reisefotografie für einige Länderberichte - verwirklichen und machte seinen Abschluss als Fotografenmeister vor der Handwerkskammer in Düsseldorf. Der Kontakt mit interessanten Menschen und Themen sowie die Suche nach dem perfekten Blickwinkel stellen nach wie vor einen besonderen Reiz für ihn dar.

www.fotograf-rennertz.de

Rezepte von A bis Z

Rezepte nach Menüfolge

Alle Rezepte sind für vier Personen, soweit nicht anders angegeben.

Rheinisches Büfett

Rheinische Erbsensuppe
Ähdäppelschlot
Altbier-Happen im Teigmantel
Rheinische Tapas
Sol-Ei

Riefkoken mit Apfelkraut
Aal-Happen
Möhrengemüse mit Frikadellen
Kassler mit Sauerkraut
Krüstchengulasch

Milchreis mit Prummekompott
Altbier-Heidelbeer-Pfannkuchen
Waffeln
Apfelscheiben im Bierteig

Altbier
Altbierbowle
Bloody Rhine
Mojito Mediaharbour

Rheinisches Menü

Altbiersuppe

Düsseldorfer Senfrostbraten

Rhabarberkompott
mit Vanillesoße

Heine-Menü

Weincremesüppchen

Forellenfilet mit Sauerkraut und
Bratkartoffeln à la Harry Heine

Appeltaat

Vegetarisches Menü

Senfrahmsüppchen

Zuckerschoten-Reis-Pfanne

Gratin von Apfelsinen

Fisch-Menü

Kartoffelsuppe mit Lachs

Planken-Lachs mit Blattspinat

Weiße Champagnermousse

Festtags-Menü

1. GANG
Champagner-Senf-Suppe

2. GANG
Kaviar auf Linguine

3. GANG
Zander in Altbier-Honig-Soße mit
Graupenrisotto

ZWISCHENGANG
Apfelsorbet

4. GANG
Filet vom Reh in Beurre Vanille mit
Pfifferlingsknödel auf einem Spiegel
von Heidelbeeren

5. GANG
Crème de Cassis

6. GANG
Käse-Petit-Fours

Droste Verlag, Düsseldorf: 85 re.
Food Centrale, Hamburg: Buchvorderseite, 11, 12, 34, 46, 50, 61, 74, 100, 118
Düsseldorfer Löwensenf GmbH, Düsseldorf: 71 o.
Uli Gerritzen, Bedburg-Hau: 20, 23, 56, 66, 67 u. re., 77, 78 li., 80, 112/113, 117, 128, 130/131, 136, 146, 149 re., 150
iStockphoto, Calgary: 10 re., 15 re., 83 re., 107, 135 re.
Michael Kuhl, Düsseldorf: 67 o.
Likörfabrik Peter Busch GmbH & Co. KG, Düsseldorf: 77 u.
Martina Marschall, Photocase, Berlin: 43 u.
Photocuisine, Potsdam: 13, 37, 72, 96, 115
Rheinbahn AG, Düsseldorf: 57, 124
Rheinische Post Verlagsgesellschaft mbH, Düsseldorf: 138
Schlüssel GmbH & Co. KG, Düsseldorf: 67 u. li., 88/89, 90 mi., 92, 104 u.
Stadtarchiv Düsseldorf: 8/9, 53, 54/55, 68, 76 u., 79, 87 re., 133, 139
Uerige, Obergärige Hausbrauerei GmbH, Düsseldorf: 154
Arkadius Zagrabski, Langenfeld: 86, 102 o. re., 104 o. li., 141

Alle weiteren Produkt- und Foodfotos von *Fotolia* (FotografInnen: dudek, Elke Dennis, Tomboy2290, satanowski, blende40, GRAPHIC, Arno Bachert, Torsten Schon, paulo Jorge cruz, ott, Picturefoods.com, ExQuisine, Petr Gnuskin, YaaL, Leonid Nyshko, Christian Jung, Andrea Wilhelm, kameel, Svenja98, Eric Isselée, Denis Dryashkin, Dalmatin.o, photoGrapHie, Martin Braun, VRD, picsfive, Andrey Armyagov, Ella, Dmitriy Kosterev, patrimonio designs, eyewave, robynmac, hvoya, Yuri Arcurs, creative studio, lifeline, fredredhat, MaksymFilipchuk)

Alle übrigen Fotos von Michael Rennertz

Bibliografische Information der Deutschen Nationalbibliothek
Die Deutsche Nationalbibliothek verzeichnet diese Publikation in der Deutschen Nationalbibliografie; detaillierte bibliografische Daten sind im Internet über http://dnb.d-nb.de abrufbar.

2. aktualisierte Auflage 2011

Konzeption: Petra Schneider, Düsseldorf
Satz: Droste Verlag, Düsseldorf
Redaktion: Barbara Maassen, Düsseldorf
Druck und Bindung: Mohn media Mohndruck GmbH, Gütersloh
ISBN 978-3-7700-1423-1

www.drosteverlag.de